U0144500

儒與耶

秦家懿著

吳有能
吳　華　譯

比較研究叢刊
吳有能主編

文史哲出版社印行

國家圖書館出版品預行編目資料

儒與耶 / 秦家懿著，吳有能、吳華譯. -- 初版. --
臺北市 : 文史哲, 民 89
面： 公分. -- (比較研究叢刊 ; 1)
參考書目：面
ISBN 957-549-179-3 (平裝)

1.儒家 2.基督教

218.6 87016245

比較研究叢刊 ①

吳有能主編

儒與耶

著 者：秦家懿
譯 者：吳有能・吳華
出版者：文史哲出版社
登記證字號：行政院新聞局版臺業字五三三七號
發行人：彭正雄
發行所：文史哲出版社
印刷者：文史哲出版社
臺北市羅斯福路一段七十二巷四號
郵政劃撥帳號：一六一八〇一七五
電話 886-2-23511028・傳眞 886-2-23965656
實價新臺幣三六〇元
中華民國八十九年二月初版

ISBN 957-549-179-3

邁向對比研究的方法論說明
——比較研究叢書總序

壹、導　言

在人文學的對比較研究領域中，並不缺乏高瞻遠矚之士，所以在這一方面早已有一定的努力與成績。可惜，時至今日國人在這方面的總體成績還是十分有限。特別是能夠自覺地運用比較方法從事哲學與宗教的探索，確實是晚近才出現的現象。至於對對比方法自身進行反思，並提出理論性的說明，則更是當代方法論探索的新發展。[1]

---

1 國人在這方面進行自覺反省，並能較爲系統的說明比較研究法的哲學基礎，則首推國立政治大學的沈清松教授，沈先生立基於現象學、詮釋學，且融會我國易學，提出他的對比哲學觀念，實屬難能可貴。參沈清松，〈導論：方法、歷史與存有〉，收入氏著《現代哲學論衡》（臺北：黎明文化事業公司，1985.8），頁 1-28。又參氏著，〈創造性的對比與中國文化的前景〉，見《哲學雜誌》，第五期，民國 82 年 6 月，頁 48-71。同文另收入沈清松主編《詮釋與創造：傳統中華文化及其未來發展》（臺北：聯合報文化基金會，1995.1），頁 329-

從哲學立場看，方法的本義涉及知識的建立，例如近代哲學開山笛卡兒（Rene Descartes, 1596-1650）在他的《方法導論》（*Discourse on Method*）的首頁開宗明義就說方法導論是：「爲正確地引導自己的理智和在科學中尋求真理。」[2]當然在日常語言中，方法卻又常被引申爲以某一目的而進行的活動。如平常我們說交友的方法，大概就是指爲結識朋友而進行的種種活動，於是參加社團、筆友活動等都成爲交友的方法；當然這些活動都並非旨在建立知識，自亦與方法的本義無涉。不過，就本文言，我們的立論範域是以本義界定的，所以必以知識性爲依歸。同時，方法與方法論又不同，方法論是對方法的後設研究，簡單說它是對方法自身進行反省性的思考。本文即從現象學詮釋學的思路針對對比研究法進行後設反省。不過，在談對比方法之前，讓我們先稍稍說明方法的特性。

講到方法，首先要特別強調：不要混同方法與觀點。假定我對世界有某種看法，然後再拿這個想法來解釋不同現象的話，顯然的，我的這個看法，並不是甚麼方法，而是觀點。[3]因爲方法自身並不需負責對現象的解釋，它指的本來是一個

353。

2 參 Rene Descartes, trans. Elizabeth S. Haldane & G.R.T. Ross, *The Philosophical Works of Descartes* (N.Y.: Dover Publication, 1955), Vol. I, p.81. 此處的中文翻譯採用笛卡兒著，錢志純、黎惟東譯，《方法導論‧沈思錄》（臺北：志文出版社，1984），頁 59。

3 譬如說，在中國哲學史研究上常常有人提到唯物辨證法，我們知道唯物辯證法對世界的演進、歷史的變遷都提供解釋，它事實上是一

歷程，通過這個歷程，我們會得到一定的結果。[4]

換言之，方法自身並不是解釋，所以方法本無所謂真假。不過，我們可以採取不同的方法，通過不同的歷程，從而得到不同結果。就這一層意思來看，方法引向解釋，從而有真有假，但方法自身無所謂真假。如果我們面對不同的題材，做不同的活動，通過不同的歷程，而所得出來的結果自然也就不會一樣。在哲學上的探索上，我們可能要處理知識論的問題，或處理價值論的問題等等，隨著所處理的對象的差異，我們所採用的探究過程自然不會盡同，而結果當然也可能很

個觀點。我們說它是一個觀點，其實意涵著可以評定它的真假。現在誤將之視爲方法，就是說根本不論真假，而只談應用這觀點的問題。現代中國學人在治哲學史，就很常用這個「方法」，因此根本不必去反省唯物辯證法的對錯，對這些「研究者」而言，問題也許只有一個，即怎樣才能較爲妥當地去應用這一已經被視爲真理的教條而已。如此一來，哲學史研究根本沒有方法問題，只有觀點問題。同理，所謂精神現象學之類也是特定的觀點而並非方法。最悲哀的是人以爲自己在用方法，事實上是已經接受一個教條。我們談哲學史方法，需特別留意不要混同方法與觀點這一點。有關觀點與方法的區分，筆者受益於勞思光先生的教示。參吳有能著，《百家出入心無礙——勞思光教授》（臺北：文史哲出版社，1999），頁 31-33。

4 當然我們不是說方法是不對解釋的對象產生作用，近年詮釋學所謂的「前理解」、「有效歷史」都說明我們在進行解釋時的限制，而採取何種方法當然也可能所解釋者本人的視域所影響。我們在這裡強調的是在建立知識的目的下，我們不希望方法干擾正常結果的出現，而淪爲私見的生產工具。用多倫多大學哲學系方法論教授 Bruce Alton 的話，方法可以預見結果，但不操縱結果（anticipate but not articulate）。

不一樣。因此，在方法的運用上，從正面說，我們不必堅持只用某一特定的方法，將它視爲唯一的途徑，這在客觀研究上，也是不可能的；從反面來講，我們也應知道日常語言中，所謂「錯的」方法，或許更好說是無效的方法或效力很低的方法。

現在讓我們再回頭看方法的特性。簡單來說，方法可說是旨在達到某種目的之程序及安排，譬如說，讀書方法就是達到讀書這個目的所需通過的程序、安排。不過，方法又具備某些特性，值得我們注意。其中比較顯明的是目的性及有效性；從目的性言，方法必然指向一定的目的，它希望完成某些目標，達到某種成果。因此我們可以說它是一種目的性的活動。

其次，對於這一程序活動，我們自然期望它有一定的有效性，以便達到這些目的，因此，方法要求一定程度的有效性。就用上述讀書方法爲例好了，假定我們說讀書的方法是背誦，這話的意思是說通過背誦這程序及安排，將有效地完成讀書這個目的。反過來說，倘若背誦不能達到讀書的目的，我們自然會說背誦並非讀書的方法。當然我們除了可以說某種方法是否有效之外，也可以根據有效性的高下，判定方法的優劣，因此，日常語言中也就會說這是好的方法，那是壞的方法，其實，所謂好壞是指這方法是否有效，以及假如有效，這方法的效能高下如何；而所謂效能，我認爲包括效域的大小、效速之快慢及效果的久暫三大成份。但是，有效性還是得相應於特定的目的才可以講的，對甲事而言是效能極高的方法，對乙事可能帶來災難性後果。譬如，朋友去世，我們也許給他家送一素帳，上題「典型尙在」。相應於對往生者表達崇敬這一目的，也許「典型尙在」這詞是有效的；但倘若朋友還健在，即使我們的目的還是在表達崇敬，則同樣的用詞，就不只無效，反而會帶來完全相反的後果。因此，方法的目的性與有效性是相連的。

貳、對比的外在理由

從方法的目的性與有效性看對比方法，就涉及進行對比的理由、基礎等問題。對比的基礎可以分成外在的形勢與內在的動力兩方面來加以說明，當代世界迫切需要對話與溝通，從其外在理由看，尤爲明顯。讓我們先從外在的理由談起。

現代交通、資訊的發達，使全球化過程急速加劇。[5]在這

---

5 有關全球化的問題的討論已經引起國際學界的高度重視，較新的研究有 Malcolm Waters, *Globalization* （London ; New York : Routledge, 1995）、Robertson Roland, *Globalization social theory and global culture* (London : Sage, 1992)、Martin Hans-Peter, *The Global Trap* (New York : Zed Books, 1997) 、 John Tomlinson, *Globalization and Culture* (Cambridge, U.K. : Polity Press, 1999)等。除了從政治、文化、經濟等角度來探討此一議題外，近年最令人文學者注意的莫過於從哲學與宗教立場的探索，如孔漢思等的全球倫理的討論，就引起廣泛的討論。中國人對此問題的研究亦已展開，其最明顯者爲俞可平主編的《全球化論叢》七冊（北京：中央編譯出版社，1998-99）。該叢書網羅中外不同學科的論文，可說是漢語世界中針對全球化議題的出版品中，最全面的一套叢書。

樣一個世界中，沒有一個國家可自外於其他國家，更沒有一個文化可以自絕於世界文化之外。面對這樣一個形勢，今天我們在走向二十一世紀的途程中，就必須有國際的視野，全球的關懷，而對比研究最足以拓展我們的視野，拓深我們的了解；通過比較，不但文化的異同得以彰顯，更重要的是我們可以擴充視域，增加觀點。而在這樣一個過程中，我們不但增進對別人的認識，更可以進一步在對比中深化自我的了解。知己知彼，才可以讓我們更有效的開創新紀元。

同時，全球化的形勢使人類面臨一個多元文化的社會，多元文化社會其實就是呈現差異的社會，加之以利益之考量，不但讓相互理解產生困難，更容易造成衝突、鬥爭。遠的不說，北愛新舊教之爭，多年來一直是衝突的亂源。印尼回耶之爭，讓多少無辜華裔，慘遭凌虐致死。印巴之爭，更使南亞更形動盪不安。即使同文同種的中台關係也每每因溝通不足，時生齟齬。從全球化的過程看，不同的世界的接觸終不可免，而衝突就成爲我們最需要注意的事。杭亭頓（Samuel P. Huntington）曾引用戴洛先生的話，指出未來世界衝突的根源將不再是意識形態或經濟利益的，它的根源是文化的。雖然民族國家在世界事務中仍然將保持強大力量，但是全球政治的根本性衝突將發生在不同文明的民族群體中。文明的衝突將支配全球政治，而文明分界線將是未來戰爭的分界線。[6]所以如何能夠避免因爲文明衝突而來的爭鬥，實在是刻不容緩。

---

6 參杭亭頓著，黃裕美譯，《文明衝突與世界秩序的重建》（台北：聯經出版事業公司，1998.1），特別是頁 7。

對比研究可以幫助我們從不同角度去省思各種可能性，強化理解、降低衝突。是則對比研究在今天就更形重要，爲了避免不必要的衝突和矛盾，客觀上就形成了對話與溝通的需要，而對話必然蘊含著對比。因此，對比是不可避免的。

但是如果對比研究只有外在重要性，則對比只能是對外在多元世界的無可奈何回應，本身未必具有價值。那麼是否多元世界的外在形勢消失了，就必然導致對比價值的喪失？要回答這個問題，需要考察對比的內在動力。

參、對比的內在動力

一、理性對普遍性的追求

對比有其內在理由，可從人類的理性來加以說明。我們知道理性有追求普遍的特性，常常展現爲籠罩一切的要求。在哲學學門中，這一特性最爲明顯的表現爲形上學的追尋。如果從形上學那追求對存在的根本性的、統一性的說明的特性來看，形上學更可說是理性追求普遍性的極致表現。而普遍性的追求表現爲對一致性與系統性的講究；於是形成理解差異、統合萬端的趨向。這種種趨向當然涉及對比，我們可以說理性的求取普遍化，在客觀上便形成理性的對比操作或對比運用。換言之，理性的對比運用（contrastive employment of rationality）是建立普遍性所不可或缺的操作。

二、對比運作的意識層說明——一個現象學的進路

但是對比理性運作的邏輯爲何？此中自然涉及同一與差異的問題。但是問題是在同異結果出現之前，何以在人的意識中會出現將不同的項目配對組合的操作？所以若求根源的說明對比，除了訴諸理性之追求普遍之外，也應注意意識層面的分解。提到意識分析，現象學的探索可說是非常值得注意的。

現象學對意識活動有一基本肯定，它認爲意識必然是有所對的。換言之，當我們一說有意識，必然是說意識到甚麼，它必有它所指向的、所意識的對象。這稱之爲現象學的「能意」（noesis）與「所意」（noema）的結構。根據現象學這個判斷，我認爲在意識活動中必然產生對比，即能意與所意的結構本質的蘊含對比的運作。

但是我們從現象學開山祖師胡塞爾（Edmund Husserl, 1859-1938）還可以得到更多啓示。他的《笛卡兒式沈思錄》（*Cartesian Meditations: An Introduction to Phenomenology*）[7]

7　Edmund Husserl, trans., Dorion Cairns, *Cartesian Meditations: An Introduction to Phenomenology* (Hague: Martinus Nijhoff, 1973). 有關胡塞爾第五沈思的討論，簡明的可參考 Michael Hammond, Jane Howarth & Russell Keat, *Understanding Phenomenology* (Oxford & Cambridge: Blackwell, 1991), pp. 205-221. 而就筆者所知，蔡瑞霖教授是第一位運用胡塞爾第五沈思來談對比方法的，參蔡氏，〈對比與差異〉，收入氏著《宗教哲學與生死學》（嘉義：南華管理學院，

依著笛卡兒進行層層沈思，在該書的第五沈思（The Fifth Meditation）中胡塞爾曾經論及由「個我」推到「他我」時的三大層次，即組對（pairing）、並現（co-present）及移情（empathizing）三個步驟，[8]我認爲這三方面的說明有助於說明對比興趣的原初呈現。

在原初意識裏，對比的出現是有兩個不同的材料在意識裏面共同呈現出來。這一種使兩個可以互相區分的對比項構成連結的意識活動可稱爲形成對子的活動，而這個連接和關聯所構成的原初綜合就是對比的基礎，[9]對比可以說是以意識裏面的原初綜合活動爲基礎而進行的同異遞推活動。

組對的層次可以說是顯性的綜合，也就是說在意識界裏對比項以顯題化的方式呈現在我們意識之前，我們可以清楚覺知那有差別的項目在進行對比，因此它是一個顯題化的過程，而在這一顯題化的歷程裏面，意識進行一呈現同異的推遞活動。

可是在那些顯題化的面向外，對比項還有一個隱性的、潛存的共現配景，[10]它們是對比項在同異推遞的過程中，沒有被特別標示出來的側面。依胡塞爾，這些並現的側面可指

1999），頁 15-51。此外，蔡文處理同一邏輯與差異邏輯，並處理陳榮灼教授所提的類比邏輯問題。本文略其所詳，而在第五沈思方面，因蔡文只提到「組對」觀念，所以本文依胡塞爾《笛卡兒式沈思》，進一步談「並現」與「移情」。

8 *CM*, pp. 89-152.

9 *CM*, pp. 112-113.

10 *CM* , pp. 113-116.

時空視域，而顯示在自我顯現上，則爲軀體。胡塞爾運用類比推想隱匿在後面的他我，從而重構自我與他者共在的世界。[11]從後面這個層次來講，胡塞爾推出他我的存在，這就構成了人我對比裏面最原初性的意識說明。

從此再推出來一層，我們知道他我的存在，使得我們不是把他者視爲個我的精神的擴充，因此它避免單一自我的過度膨脹，避免他者吞滅在自我不斷的擴充過程中，反而轉過來承認不爲自我所主宰的他我的存在，因此這等於間接承認了一個非我所可主宰的他者的存在，這就能夠避免黑格爾式絕對精神併吞性困局。而正因爲承認他者獨立性的重要突破，才使得理解他人的心靈，變成不是從自我推出去理解，而是意圖去運用他人的情境、思維、感覺來理解他者。這種移情作用，雖然它的動力還是從自我個我出發，但是它要充份去考量，要充份移入他人的位置來進行了解的理解方法，間接開啓了個我與他者、個我與社會之間溝通對話的意識基礎。[12]因爲如果對方不過是個我的投影和展示，這種溝通和對話不過是獨白的變形，而不是有真正對等關係的對話。只有能對他者的獨立自存性有所尊重，才能夠使得真正平等性的溝通對話成爲可能。

我們運用現象學對意識層的說明，是希望指出對比哲學出現的原初興趣與境域。從上文提到胡塞爾的意向性的說明

---

11 後來梅洛龐蒂就曾特別就這一點批評胡塞爾，但這不在本文處理範圍之內。

12 *CM*, p. 120.

中，我們可知在理解過程中，意識中必然呈現對比架構。因此我認爲對比是人類認知的深層基礎，或者說是認知的基礎性模態。同時，在組對、並現與移情的三步中，對比運作跳脫獨我論的危機，而呈現互爲主體的生活世界（Life World）。我們從個我意識中的對比到主體際的對話，看到平等互重的深層意識基礎。但是對比的重要性不只於此，因爲它關連到人的存在模態。

三、對比、理解與人的存在模態——一個詮釋學的進路

高達美（Hans-Georg Gadamer, 1900-）在討論理解的時候，特別強調理解是人的存在模式，他在解釋海德格（Martin Heidegger, 1889-1976）哲學之時曾說：「我認爲海德格對此在的時間分析已經強力的顯示理解不僅是主體的諸多可能的行爲之一，而且是此在本身的存在的模態。」[13]而依照胡塞爾對意向性的說明，我們可知在理解過程中，意識中必然呈現對比架構。是則對比根源性地關連著理解，亦因之而構成此在存在的模式的不可或缺的面向。

從自我這一層次我們看到的是一個辯證的過程，從主體際的層次我們看到的是一個對話的過程，兩個層次都指向一個新的經驗、統整性經驗的出現，這其中攸關重要的是理解

---

13 Hans-Georg Gamader, *Truth and Method*, (N.Y.: The Seabury Press, 1975), p.xviii。

的問題，何以言之呢？因爲通過對他者的理解，刺激並擴充自我的經驗，使得經驗邁向發展與成熟，就此而言它推進了歷史與存有，這關鍵的地方可以說是現象學重要的揭示。我們必須要透過具體的情境來開始哲學的探索，而具體的情境莫不是在不斷地具體的詮釋的過程裏面，詮釋指向一個意義的豐盈和開放的世界，它使得可能性得以充份的展開，它使得潛能得以充份的發展，就此而言，更加指向一個主體世界的成熟與遠境。在詮釋的過程裏面，我們說到「意義的豐盈」（Surplus of meaning）是因爲我們在詮釋裏面促使了境域的融合，這境域的融合就擴充了我們的經驗、豐富了我們的意義，於是帶來了發展與整全。因此，就理解與詮釋這個層次而言，對比指向動態的、歷程性的存在模態。[14]

這裡有兩個重要問題必須處理，第一個問題可稱之爲主體的無盡分裂問題，第二個問題可稱之爲主體性的悖論問題。讓我再進一步說明，依照胡塞爾能意與所意的架構，主體的理解可說必以能所的對比架構呈現。而主體在理解主體自身的過程中，當然亦訴諸相同的對比架構；其與認知外物特別

---

14 此中現象學對於結構主義的批判，尤其值得我們注意，因爲對比並非像結構主義所談的，由對立的兩元關係構成一個靜態的結構。結構主義的問題在於它缺乏對於主體參與的重視，無形中認爲結構內在的關係就決定了一切，因此主體本身的能動性就不受到重視；相反的，對比的方法顯示出一個主體際之間的一種動態關係，使得對比的方法不光是一套有效的操作而已，而是使主體通過對比、溝通、理解造成一個經驗裏面的發展與完成，就此而言，對比不是靜態的結構的描述，而是動態發展的動向。

不同之處，在於其運思形式必爲反省性。換言之，主體分裂爲兩模式出現，其一爲運用對比架構以反省主體的反省性主體，其次爲通過反省理解所呈現的主體自身，後者實際上就是主體通過客體化過程所呈現的種種所與。我們的問題是主體在自我理解的認知模式正是分立的對比性架構。由此再推進一步，自我理解既無窮盡之日，則隨此理解之無窮，自我必陷於無窮分裂之局，這就造成主體的無窮分裂的問題。

讓我們轉到第二個問題——人類主體性的悖論問題（paradox of human subjectivity），隨著主體的步步自省，層層超越，此一超越的主體，將逐漸擺脫世界，如此則人既爲世界的主體，同時也爲世界的客體。[15]是則超越主體將與世界斷裂，而失卻整個世界。如此一來，主體的對比昇進終將造成主體與世界之斷離。要回答這兩個問題，我們需要進一步從對比的展開談起。

肆、對比的展開

——知識學到存有學的轉移

---

15 Edmund Husserl, trans., David Carr, *The Crisis of European Sciences and Transcendental Philosophy: An Introduction to Phenomenological Philosophy* (Evanston: Northwestern University Press, 1970), pp. 178-181.

我們若追問對比的操作（contrastive operation），可得三大層次。[16]如果用空間性的語詞來作比配，可對這三層次作如下的描述：

一、橫向對比

（一）物物層

人的認知，常常先往外認知世界。而最常比較外物與外物的同異。這一層次中，還未自覺的注視主體在認知架構的作用，而僅注意客體的世界。換言之，人僅僅是事象系列中的一份子。這一外向的層次可稱爲形器層。

（二）物我層

人從對外的認知到反溯主體自身，就產生主客分立的局面，而自覺主體的出現反映著人在認知活動中，覺知自身不是所知的對象，而是能知的主體；亦即不再自視爲雜多形器之一，而是認知活動中形器所對之大本。這一能所的區分、主客之分立，在在反映著主體的顯現，是故我們當然不能再稱物我層爲形器層次。但我與物之關係，若只停留在役物爲用的層次，則純爲宰制萬物之心靈的外露。這在現代化過程中尤爲明顯，韋伯（Max Weber）在討論西方在現代化問題時，曾區分工具理性（instrumental rationality）與價值理性

---

16 筆者此論，曾受沈清松〈導論：方法、歷史與存有〉一文的啓發，特別是該文的頁 19-24。但是本文所提的層次，與沈氏所言並不相同。

（value rationailty）。[17]對工具理性而言，所追求的理性在乎行爲所運用的工具是否能有效地完成目的，但行爲目的本身的合理與否，則非其關心之所在。在追求現代化的過程中，我們發現工具理性亦日趨高揚，人們但問如何達致目的，而不復再問目的之是非，於是私慾肆意橫流，而手段益爲慘烈。就人與自然的關係言，人恆以爲憑恃科技之精，器物之巧，可以掌控自然，爲萬物之新主；於是忘卻人亦爲自然之一份子，而與自然環環相扣，休戚相關、呼吸與共；是以人之勘天役物，終將身受其害。今之環境污染、生態失衡，人類自食惡果，皆其明證。挪威哲學家吶思（Arne Naess）首倡深層生態（deep ecology）之旨，[18]批判現代工業社會在人與自然關係中的種種錯誤，直指環境生態問題的價值淵源，誠爲深切不易之論。總之，工具理性的濫用，使人類與自然唇齒相依的互利關係，轉成刀俎魚肉的宰制關係。而以此種宰制心靈，施諸人際關係，則愈見支配宰制之機心、計算利害之營謀。雖處人間，猶視他人爲器物，惟審察利害以謀己私、

---

17 參 Max Weber, trans. T. Parsons, *The Theory of Social and Economic Organization* (N.Y.: The Free Press, 1947), pp. 140-180.

18 參 Arne Naess, "The Shallow and the Deep" *Inquiry*, (16/1973), pp. 95-100。又氏著 "The Deep Ecological Movement: Some Philosophical Aspects" in Susan J. Armstrong & Richard G. Botzler ed., *Environmental Ethics: Divergence and convergence* (McGraw-Hill Inc., 1993), pp. 411-421・吶思一呼百吶，踵武者眾，佛思（Warwick Fox）、德維（Bill Devall）、塞隼思（George Sessions）之徒，蜂出並作，深層生態學遂蔚爲大國。

計度主宰以役他人，於是私慾日重，而仁義越遠；權謀日熾，而人情愈薄。

於是康德的人為目的之理想，置若妄聞；行為自身之正義，棄如敝蹝。究其原因，實乃未知承認人為目的、人為主體的意義。所以主體的覺知，除自我主體的掌握外，更當覺知他者亦為主體。個我自身為目的，而他者亦何嘗不然。但不管是否覺知他者亦為主體，人恆處於眾人之中，則理性必普及於他者，而遂有人我層之對比。

（三）人我層

而由單一主體的世界進至複多主體的世界，乃有群體社會的體認。於是有個我與他者的對比，有群體與一己的對比，但無論是人我之判、群己之辨，其間之對比涉及的是複多主體的界域，則至為明顯。當然人自身處社群之複多主體世界，卻未必尊重主體之深義，故需有上向的超越。超越必含轉變，而轉變則由靜態的存在（being）至動態的變化（becoming），此中又必涉及縱向的對比。

二、縱向對比

以上各層都是橫向的結構性對比，是靜態的分析，如果加入時間向度，則展示縱向的歷程性對比，呈現動態的面向。而大群人生配之以歷史的發展，則已進入文化的層面。

若從單一文化著眼，將某一文化內部之發展進行對比，以彰文化先後賡續的情狀，明因革損益之理趣，則尤是對比文化所常見用心之處，亦文化哲學、歷史哲學根本旨趣所在。近人頗有運用孔恩科學史之典範之說以治文化史者[19]，究其關注之點即屬此層。[20]

但世界文化並不單獨存在，隨著全球化的形勢，不同文化之間的對比，轉成大家關注之焦點。通常所謂比較研究多指跨文化的對比而言。現代中國哲學家每多從中西哲學的比較立場，進行研究。其中，前輩學人卓然有成者如梁漱溟、馮友蘭、唐君毅、牟宗三等都採取比較的進路來研究中國哲學。

三、上向對比——存有與此在的對比

其在個人則爲當下生命的反省與規劃，回顧與前瞻。此自非外在線狀時間，因爲外在鐘錶時間，是機械性的前進，一往而不復；生命史的時間攸關主體世界，其發展一如長江之水，抽刀斷之，不可得斷。因爲人不特圖掌握當下，更常反顧以往，又復企盼將來。事實上，正如海德格所言人是時間性的存有，不能忽視人的時間性（temporality）的存在結

---

19 如 Benjamin A. Elman, *From philosophy to philology: intellectual and social aspects of change in late imperial China* (Cambridge, Mass.: Council on East Asian Studies, Harvard University, 1984); 及其 *Classicism, politics, and kinship: the Ch`ang-chou school of new text Confucianism in late imperial China* (Berkeley: University of California Press, 1990.)

20 此中當然涉及不可共量性的問題，因其牽涉過廣，將於另文處理。

構。[21]中國田園詩人陶淵明在辭官歸故里時高唱：「實迷途其未遠，覺今是而昨非。」正是這種時間意識的寫照。而人的反顧與前瞻，就構成對比，就奠下奮進日新、自為超越的可能性。就此而言，對比是有限者追求無限的歷程，更可成為自我滿全（Self Perfection）的動力。而有限者被無限者所吸引，從對比的張力中，產生自我超越的動能，於是奮發不已，日新又新。就對比能產生自我完善這一層言，這可說是上向的對比。

在略談對比的開展問題後，讓我們嘗試回答上一節所提到的兩個問題：「主體的無盡分裂問題」與「主體性的悖論問題」。我們明白對比的展開，落在主體自身上，展現為時間化的回顧與前瞻，而這其實是一個自我深化的理解過程，如是我們就不再自限於反省性的進路，反之，通過海德格詮釋學的立場，我們將自我的反省性建構，轉易為自我的循環性理解，如是，則靜態對待性的主客兩元，轉成動態循環中的兩截；亦即自我的建構從主客分裂的兩元，變為往復相連的兩截，這一自我關聯的過程，就是自我理解（Self-understanding）。而在這一自我理解的層次，即使吾人不從事理論性的反省，在他存在之同時，就已經對自身有一先於理論性的解悟，所以這種理解是先於主客的區分的。[22]海德

---

21 參 Martin Heidegger, trans. John Macquarrie & Edward Robinson, *Being and Time*, (N.Y.: Harper & Row, 1962, 臺北：雙葉書店翻印，1985), pp. 381-396.

22 參陳榮灼，《現代與後現代之間》（臺北：時報文化，1992），頁 117-119。

格在《存有與時間》稱這種自我理解的循環爲詮釋的循環（Hermeneutic Circle）。值得注意的是在此循環中，進行理解的我與被理解的我實共屬於同一循環中，而不再是主客分立的兩元；換言之，進行理解的我與被理解的我根本是二而一、一而二的，於是就沒有胡塞爾無限分裂的問題。

同時，正如海德格所言，此在本質上是「在世存有」(*Dasein* is essentially Being-in-the-world），而對比意識的展開是離不開世界的，從個己到他我，從社會到文化，從結構到歷史，在在肯認人與世界的共存。所以對比不是像胡塞爾所說的超越自我，在層層昇進中，因不斷超越而致失卻世界；反之，在層層的對比展開中，異己性的對比項的存在，顯示出世界與我人密切的共屬性關係。因此我們可以說世界正是對比的展開場域，是對比的運作條件。

由是觀之，從對比的展開我們知道對比避免了上述胡塞爾的兩大問題；同時，我們更應注意對比不單有知識論的義涵，更有其存有學的理趣；我們從知識層與存在層初步對對比研究進行反省，可知無論知識建立與吾人自身的發展都需要對比思惟，在這兩方面都明顯地顯示出對比是人類發展不可或缺的思惟向度，而對比研究的內在基礎亦正在於此。

伍、餘　　語

對比研究可以應用在不同學科，目前學界在對比文化研究方面已取得一定成績，而本套叢書則希望呈現並促進哲學及宗教方面的對比研究。本叢書中第一本書，就是一本宗教學的著作，讓我們鎖定比較宗教來談。

我們知道對不同宗教進行比較無疑是早已有之的事情，[23]但是比較宗教作爲一個現代學科則始於十九世紀下半葉，而繆勒（Friedrich Max Muller, 1823-1900）則可說是開宗祖師了。一八七〇年繆勒在英國皇家學院的講詞，可說是第一篇自覺的要求將比較宗教研究建設爲現代學科的宣言。繆勒信心滿滿的認爲宗教科學的建立只是一個時間問題，他主張這門科學是立基於對人類所有宗教或至少最重要的宗教進行公正不阿及真正科學的比較之上的（impartial and truly scientific comparison）。[24]繆勒強調對世界不同宗教進行研究，他跳脫以基督宗教立場對異教進行評判的做法，而要求研究者要有不偏不倚的客觀態度，公平的審視不同宗教。當時同享盛名的是荷蘭萊頓大學的田勒（Cornelius Petrus Tiele, 1830-1902），田勒是近東宗教、埃及宗教的權威，也是第一位嘗試將比較宗教作爲整體而加以總結的人。經過他們的努力，比較宗教才漸漸成爲世人接受的學科。

---

23 參 Louis Henry Gordon (1855-1923), *Comparative Religion: Its Genesis and Growth* (Edinburgh, Clark, 1905)館藏加拿大多倫多大學圖書館. Eric Sharp, "The Comparative Study of Religion in Historical Perspective", in John R.Hinnells ed. *Comparative Religion in Education* (Newcastle: Oriel Press, 1970), pp. 1-19.

24 Max Muller, *Introduction to the Science of Religion*, (London : Longmans, Green, and Co., 1873), p. 34. 該書藏加拿大多倫多大學圖書館，爲一九七二年重版 Varanasi: Bharata Manisha 版。

當然，創立新的學術園地，篳路藍縷，備極艱辛。但最艱苦莫過於面對保守人士橫加反對。其中最極端的態度當然是根本將不同宗教視爲邪說詭言，今天看來，這自然不值一哂，但是當日堅信不疑者，倒是所在多有。另一種反對意見是認爲別教雖不一定邪惡，但自己的信仰卻完全充分，不必研究不同的宗教。持這種態度者，既不少見，亦不限於某一宗教人士。不過在二十世紀初，當比較宗教是否應接納爲正式學科還在未確定之時，環繞著他教真理等種種問題，就曾引起非常熱烈的討論。柏林大學的哈納刻（Adolf von Harnack, 1851-1930）的反對意見非常有代表性，他說：「任何人不了解這個宗教【基督教】，他就不了解宗教；任何人了解了基督教及其歷史，他就完全了解宗教。」[25]因此研讀他教經典便成爲無用的浪費，因爲與《聖經》比起來，《吠陀經》、《可蘭經》都毫無重要性。[26]當然我們可以明顯感到論者對自己宗教的感情與信心，但是令人常感有趣的是，這種大膽卻武斷的批評，卻又清楚表明這個判斷是建立在對別教的無知之上的。幸好，這樣的立場在近年已經有極大的改變。

最先出現的改進是由宗教容忍精神而開始對他教的研究，於是促生了不少歷史的、人類學的宗教調查，但是宗教寬容固然可貴，但卻非最理想的。我們對於不同的意見，自然應該發揮容忍精神。避免只爲意見的衝突，導致不必要的

---

25 參 Eric Sharp, *Comparative Religion: A History* (Illnois: Open Court, 1986), p. 127.

26 同上註。

戰爭。同理，在多元社會中，我們自然也需要學習容忍異見，但是這並不足夠，因爲，除了上對下的寬容外，我們更需要平等的對話，讓不同宗教能夠彼此通過認真、嚴肅的對話，相互學習、相互豐盈。畢竟真正承認對方才是相互豐盈的基礎，而在承認不同宗教的立場上，多教神學尤其重要。

多教神學是近年新興的議題，顧名思義，它是以討論眾多宗教共同神學爲中心的，以往神學的討論是以單一宗教爲主，多教神學則嘗試建立跨教的神學。當然在梵二之前，基督宗教作品中很早就曾論及對他教信眾之救贖問題，[27]但是梵二之後，基督宗教確實在邁向多教神學的路途中有了長足的發展準備。其中最引人注意的發展是，在梵二及其後，天主教神學積極反省外教如何能夠提供救贖的議題，即肯定外教也能爲其教眾提供救贖的可能。[28]倘若取之與教會之外，別無救贖這傳統教義相比，不難發現其中立場變化之激烈，實非轉步移身可比，無乃南轅北轍，大相逕庭。本來在二十世紀以來，比較宗教、世界宗教的研究就已經日趨普遍，在近數十年，多教神學就更如雨後春筍地大量湧現。

本叢書的第一本——《儒與耶》，是加拿大多倫多大學特級教授（University Professor）秦家懿女士在比較宗教上的權威之作。秦教授的著作有其全球視野，也滲透著她對基督

---

27 天主教方面參 Jean Danielou, *The Advent of Salvation* (New York: Paulist Press, 1962). 基督教方面則可參 Paul Knitter, *Towards a Protestant Theology of Religions* (Marburg: Elwert, 1974).

28 著名的例子包括 R.C. Zaehner, K. Rahner, H. Maurier 等。

宗教及中國文化的關懷，堪稱是不可多得的力作，出版以來深受海內外推重。本書的中文版首先得到加拿大吳華教授的初譯，在讀到吳教授的譯稿後，我應秦教授之請，對中譯稿進行加工；吳教授專攻中國文學，譯文自成特色，因此有些地方，我只是通順文句而已，而有些地方，則不免全部更動，甚至重新翻譯。由於回國服務，教研兩忙，翻譯工作時續時斷，以致譯稿延宕經年。

本叢書的第二本是溫偉耀教授的《成聖之道》，溫教授是香港中文大學宗教系教授，擁有兩個博士學位。他在英國牛津大學師從麥奎利教授，對歐陸哲學、基督教神學深有研究，其後，在香港中文大學追隨勞思光教授研究中國哲學，成聖之道就是溫教授在中大的博士論文。他對二程工夫論的對比論述，展現高度的哲學識見。尤其是對詮釋學的運用，使二程研究出現新的高峰。

本叢書也收集中國大陸地區的青壯學人李翔海和楊國榮教授的作品——《尋求德性與理性的統一》、《面向存在之思》，南開大學李翔海教授是著名哲學家方克立先生的高足；而華東師範大學的楊國榮教授，更是久負盛名的青壯哲學家。兩人處理的素材雖不相同，但是都大量運用西方哲學，特別是現象學與詮釋學對中國哲學進行對比研究。

《莊子之道》是臺灣學人針對海德格與莊子進行對比研究的著作，本書作者趙衛民教授，目前任職於淡江大學中文系。另外加拿大博克大學哲學系陳榮灼教授，本是臺灣東海大學哲學系的著名教授，近年陳教授專研佛學，《佛教解釋學之研究》這一本著作就是結集他在佛教研究的重要成果。

走筆至此，讀者應可略本叢書的理想，是在促進中西宗教、哲學的對比研究，對比的內容包舉儒、釋、道、耶四大精神傳統，而歐陸神學與當代歐陸哲學更是對比的重心，我們期待方興未艾的對比研究能夠早日開花結果，也希望越來越多志同道合的朋友一起投入對比研究的工作。

吳有能謹識於國立彰化師範大學

民國八十九年二月五日

原著前言

《儒與耶》是日本蘇非亞（Sophia）大學東方宗教研究所贊助出版叢書當中的第三本，前兩本書處理基督宗教與佛教的對話，作者分別是 H.Enomiya-Lassalle 與 Heinrich Dumoulin 兩位先生，而現在秦家懿教授這本書則處理儒教與基督宗教。

我們不必是先知，就可以宣示下世紀神學與宗教思想將會忙於處理偉大宗教的相會。我們已經看到佛教、基督宗教、印度教、伊斯蘭教及猶太教之間的相互理解與合作的大幅增長，這樣子邁向融合的趨勢是很有希望會持續下去的，而且偉大的宗教將會爲現代世界提供極度需要的精神價值。

我們希望這一套叢書能在西方對東方宗教的理解，以及東方對基督宗教的理解兩方面都做出貢獻。

威廉・莊士頓　William Johnston
東京蘇非亞東方宗教研究所所長
一九七七年三月

感謝的話

對於所有曾經用不同方式幫助及鼓勵我寫這本書的人士，我希望在這裡記下我深切的謝意；我大膽地提到一些人名，但我得說明的是：對於那些名字沒有出現在這裡的許許多多人士，我依然感激他們。首先我須感謝一些亞洲人士—陳榮捷、唐君毅及岡田武彥，他們都是中國哲學專家，而且儘管他們不全是基督徒，但是每一位都鼓勵我進行這一寫作工作。我也想起那些更關心基督宗教的人士，如 Searle Bates、Thomas Berry、Tilemann Grimm、Douglas Lancashire、James Martin、Yves Reguin 及 D. Howard Smith。我也同樣心存感激地記得那些讀過初稿的人士，他們的建議使得我進行徹底的修改。我指的是 W.T.deBary、David Dilworth、Hans Kung 及 John E.Smith。我也記得那些看過修訂稿的先生—Norris Clarke、Edmund Leites 及 Hans Kung。特別值得一提的是 Hans Kung，他幫忙我決定從神學的觀點來寫這本書，也提供一些大方向給我。我不希望忘了我的香港朋友，他們對亞洲神學的演變特別關心，特別值得一提的是 Peter Digan、Lee-ming Ng 及 Philip Shen。我也應該記得魯汶的朋友—Parig Digan 及 Jan Kerkhofs。在我們教內的中國諮詢部，馬克思主義是熱門的討論議題，而儒學並非這樣。不過，我一樣從中學到許多，至少其中部分已經寫進本書了。我亦滿懷誠摯與敬意記得 Heinrich Dumoulin，他的邀請使得本書的寫作得以開始。

我亦應記得感謝講談社編輯與職員的合作，同時，我在這裡一定要提到第二張及第四張的初稿，曾以稍微修改的形式分別在一九七五年三月及一九七七年三月於國際哲學季刊發表。

我的家庭，或者應該說是我的幾個家庭都以特別的方式激發我的思想，他們是基督徒、非基督徒及無神論者，當然也包括儒家與佛教徒。

我應該在這裡再一次向他們全體說聲感謝。

但是，資料及解釋的錯誤應該全部歸咎與我，而與這些仁人君子無關。

秦家懿

儒與耶

目　錄

緒　論

儒與耶。儒學是哲學，抑或宗教，抑或二者兼而有之？儒學是否能夠與基督教並存共榮？三百多年前，來華傳教士已然提出了這樣的問題，但一直沒有得到圓滿的回答。誠然，時代不同了，現在有人認爲沒有必要提出這樣的問題。然而，儒學與基督教的生存儘管受到不同程度的威脅，但它們仍然是生氣盎然的傳統。我認爲，在相當長的一段時間內，上述問題不僅對比較哲學和比較宗教的研究者，而且對致力於正確理解基督教的神學家來說，依舊是重要的。

一、定義問題

以儒學（或曰孔學，Confucianism）來命名一個傳統實際上並非恰當。這個傳統在中國最早是以一個學者組成的學派顯著人世的，這個廣博而睿智的傳統是在對一整套經典著作的世代相繼的解釋闡述過程中發展形成的。這些受人尊崇的著述包括各種各樣文體：詩歌、有諷喻意義的歷史記載、推斷吉兇的占卜及其解釋、封建國家的編年史以及特定禮儀的修訂。在這些經典著作影響最大的文化圈內，即中國、韓國、日本與越南（以前稱爲安南），其多樣性導致了研究方法和解釋闡發的多樣性。儒學傳統包容但又超越了哲學的和宗教的關注範疇，這是因爲遠在「哲學」、「宗教」這些術語進入漢語—日語的詞彙之前[1]，儒學傳統已然經歷了漫長的發展衍變過程。有助於理解這一現象的是，在基督教源遠流長的西方國家，也是直到文藝復興時期甚至更晚一些時候，神學與哲學的分界才涇渭分明。

因此，我相信儒學體現了人類智慧的傳統，哲學在東亞差不多就意味著人的智慧。這樣，儒學有別於基督教，因爲後者全然是一種啓示宗教。儘管如此，一些學者，如中國哲學家陳榮捷、宗教史家J.北川一男（Joseph Kitagawa）和N.司馬達（Ninian Smart）都贊同馬克斯·韋伯（Max Weber）的早期看法，認爲儒家傳統的核心有著明顯的宗教性。無論如何，儒學與基督教在東方和西方，都對人民大衆的信仰、道德準則和行止規範的形成起了舉足輕重的作用。因而，比較儒學和基督教不但是可能的，而且是富有成果的。再者，我雖然以儒「學」與基督「教」相比，我也不否認儒學含有著宗教性格，這是本書討論的重點之一，而我指的基督教，包括新教與舊教（即天主教）。

二、方法問題

比較研究如果是可行的，隨之而來的是方法問題。在美

---

1 「哲學」和「宗教」在十九世紀晚期才進入漢語詞彙，那時，隨著翻譯西方著作——往往以日本譯者爲中介——這些詞彙被引入。此前，所有的思想傳統，無論是儒、道、佛還是其它學派，都稱爲「教」或「家」。有意思的是，梵文裡亦無「哲學」、「宗教」之類的專門術語，它用 Dharma 一詞指傳統的教誡。

國，東方的宗教哲學在大學的下列三個科系內講授：哲學系、宗教學系（有時是神學系）或者是東亞語言文學系。這足以說明每一位學者面臨著定義與方法上的問題。那麼，這樣的一部書應該如何下筆呢？其讀者又是何許人？

比較哲學家對思想觀念和思辨性問題的跨文化比較研究素有興趣。研究宗教的人可能自己便是哲學家、歷史學家或社會科學家。但是至今為止，比較哲學或比較宗教仍是一個邊緣領域而不是一個獨立的學科，因為開拓學科領域的人常被視為冒險涉足虛妄之地的淺薄的涉獵者[2]。知識的深度和視野的廣度幾乎被人認作是互不相容的。東亞學的專家們常常為那些不具備必要語言能力便試圖解釋東方傳統的哲學家和宗教學家表現出的幼稚無知而瞠目，而比較哲學家或比較宗教家——學者群中的少數派——則為東方學家顯示的「小圈子精神」（ghetto spirit）而沮喪。同時，這兩種學者又往往蔑視傳教士，因為這些作為神學家的傳教士追求明顯的功利主義和宗派的利益，希望藉此來增加皈依宗教的人數。

因此，研究方法便毫無定則可言了，不僅要取決於對儒學的定義：是哲學，還是宗教，抑或像大多數漢學家所認為的那樣是文化？而且還取決於各學科的既得利益。另外，本

---

2 Paul Masson－Oursel 的 *La Philosophie Comparée*（Paris，1923）值得推薦。這是一部旨在闡述比較哲學的性質及方法的好書。但是，作者對印度哲學比對東亞哲學更為熟悉。期刊 *Philosophy East and West* 可激起人們對比較哲學的興趣，亦應推薦。

書作者自己所處的地位又使方法論問題進一步複雜化了——或許是簡單化了：身爲一個東亞人，在東方和西方都求過學，現在又在西方生活和工作。所以究竟認同東方抑或認同西方，實在是個進退兩難的困境。北川曾渾有體會地敘述過這種困惑，並指出了擺脫困境的方法，他在《東方宗教》（Religions of the East）一書的前言裡這樣寫道：

> 在西方定居的東方人面臨幾種選擇。他可以有意識地保持東方人的身份，並從此角度解釋東方宗教。或者，他可以認同西方，從方法上講，作爲西方人來研究東方宗教。再者，他還可以站在交界線上，意識到雙方的立場，但不讓任何一方拉去……但本書作者做了另外一種抉擇，一個更爲困難的抉擇……他力圖與西方認同，但又不失去他的東方身份。

我以和北川相似的方式來解決自己的東、西方困境——像他的那樣，只是一個志向，而不求成就如何。我慶幸自己的雙重背景，並希望充分利用這個雙重背景。不過北川著眼點是社會性的，側重於東亞宗教的信教團體的現象，而我的側重點則落實到問題。我認爲自己正從事一個比較歷史學家所做的研究觀念與教義的工作——「doctrina」（教義）應被理解爲廣義的「教誨」。我還保持了開放的神學視野，以便開展東、西兩大傳統之間的宗教對話。我要說明的是：我是根據所研究的傳統的性質，決定所要採取的方法，涉及每一層面時都從經書和經典開始，過渡到哲學闡說的形成，再到現時的相關回應。因涉及面廣而不能做全面的綜合研究，我的首要任務是透過儒學與基督教的共同的主題，來更清楚地解析儒學。根據當代對新教及天主教的釋經學，我將基督教看作是基於『新約』教義之上的宗教傳統，我認爲儒學亦是建立在四書五經這些經典著作的基礎之上。除非爲了說明某些觀點，我很少引證卷浩帙繁的儒家經典集註，但是我非常重視被稱爲「新儒學」的思想運動，因爲儒學傳統是以新儒學的形式流傳至今的。這一方法規定適宜儒學和基督教兩大傳統的研究，二者都源於對話語的崇敬，先是口述的話語，然後以經文形式記載下來。一方把這類經文奉作神的啓示，另一方則把它們譽爲聖人的教誨。我還試圖通過語義分析，來探尋決定某些關鍵詞彙的原始意義，然後再討論這些含義的演變以及這一解釋過程的規範。我認爲釋經學對正確理解儒學和基督教是至關重要的。我希望這種方法將有助於廓淸儒與耶兩大傳統中的共同主題，並爲使得解釋闡述工作有意義的更廣泛的詮釋任務做出貢獻。

三、神學視野

本書旨在探討儒學和基督教，更確切地說是借鑒某些基督教的特定景觀來研究儒學。這樣的內容並非本書首創，傳教士學者詹姆斯·萊格(James Legge)，蘇慧廉(W.E. Soothill)幾十年前就寫出了包括儒學在內的中國宗教研究文章。之後，D.霍華德·史密斯(D. Howard Smith)的著作也以讀者所理解的基督教爲前提來展開儒學研究的主題[3]。儘管如此，我仍然認爲這是以當代人對基督教的理解爲觀照來研究儒學的第一部書，它淸楚表明旨在促進兩大傳統之間的學術對話。我的側重點仍然是儒學。我將分析探討儒家思想的內在結構，從而開闢出兩大傳統互為參照從而更透徹地互為理解的新途徑。我要進行比較研究，但決不準備根據任何先入為主甚至等級差別的價值體系來評判孰優孰劣。我自認我已然多次認眞地思考了本書討論的問題，而且我是以一個沒有基督教背景而又集基督徒和非基督徒於一身的中國人的身份，試圖辯證地將兩種遺產結合起來，來思考這些問題的。

從這個意義上來講，我將本書獻給所有對儒學這一宗教傳統感興趣的人們。我希望，本書的歷史感和論題的系統研討——這種歷史感和系統性建立在對衆多資料的研讀的基礎之上——將有助於漢學家解答某些至今尙未解決並難以解決的問題，如：儒學傳統是一神論的，還是無神論的，抑或是泛神論的？我力圖論證上述問題只能置於中國的大傳統內才能解答，而不是刈割整體單從局部來思考問題。我還相信本書將證實那些指出儒學宗教性的比較宗教學家的判斷是正確的，並向那些對比較思想觀念有興趣的哲學家提供出發點。此外，我希望促使當代東、西方神學界關注這一題目。

誠然，大多數基督教神學家一直把「世界宗教」的課題畫歸到比較宗教學家和傳教學家的小範圍內，但現在更多的基督教神學家開始關注這一題目了。近些年來，由全球神學

3　參 James Legge，*The Chinese Religions*（London，1881）；W.E. Soothill，*The Three Religions of China*（Oxford，1923）；D. Howard Smith，*Chinese Religions*（New York，1973）。秦家懿與孔漢思〈中國宗教與西方神學〉吳華主譯（台北，1989）。

家合作編纂的《新教理書》（Neues Glaubensbuch，1973）、孔漢思（Hans Kung）的《基督教徒》（Christsein，1974）、改革宗的《成人教義》（Erwachsenen Katechismus，1975）和W.比曼（W. Buhlman）的《信神的地方》（Wo der Glaube Lebt，1975）等總結基督教傳統的一些引人注目的書籍，紛紛提及「世界宗教」的問題，並越來越強調它的重要性。然而，類似的關注不論是在深度上還是廣度上都是有限的。神學界、東方學界、比較哲學界和比較宗教學界大都不相往來。我希望對「世界宗教」的日益關注是一個良好開端的信號，從而引導人類從各種途徑和更深沈嚴肅地尋覓神和表達宗教經驗。目前，西方愈來愈多有基督教背景的年輕人，對東方哲學和宗教傳統如痴如迷，產生經久不息的興趣。世界各地，在美國更是如此。處於這樣的一個時代，對「世界宗教」的關注就更爲重要。它將對這些年輕人有更廣泛、更有益的影響。但是，對「世界宗教」的研究需要專家的指導[4]，那些關心當前世界問題、並認爲西方基督教仍有現實作用的學者應該感受到這個時代的呼召，來更加關注「世界宗教」的問題。歸根結蒂，生活在這個多宗教世界的神學家，只有當他們通過其他宗教的參照來檢閱自己的宗教遺產時，才會發生關係並產生誠摯，尤其是在神學從人性抵達神聖時更是如此。

---

4 R.C. Zaehner 的 *Our Savage God*（London，1974），特別是緒論部分論及誤解東方宗教的種種危險。

四、本書簡介

我選定以基督教與儒學的實質性接觸開始本書的探討（參第一章）。這樣的接觸並不都是在國際會議上進行的，儘管國際會議有助於接觸，應當受到鼓勵。基督教與儒學的接觸有其歷史存在，並繼續有其存在的重要意義。自從耶穌會闡發了後來成為 Confucianism（儒學）的中國傳統以來，後來的解釋者，無論西方人或中國人，虔誠的基督徒還是堅定不移的不可知論者，從不同角度始終在繼續耶穌會的這一任務。因為「God」等術語詞彙的翻譯以及儒家禮儀與基督教信仰能否共存等問題而引起的爭論，早在幾百年前就為我們展現出基督教與儒學在某些「共同主題」上的相似性與差異性以及二者寓義的微妙。我將特別以一個章節的篇幅來重新評價儒學遺產（第二章），因為，目前儒學遺產的生存似乎正在經歷嚴峻的挑戰；然而，正是儒學傳統的生命力問題決定了其研究的重要性——抑或不重要性。需要說明的是，這一重新評價完成於1974年下半年，當時中國大陸上的思想政治解放運動尚未明朗化，這一批孔運動的結果是、或者將會是什麼尚未可知，但我希望這樣的政治化事件並不體現中國人民的真正的精神傾向。

只有在把研究建立在歷史接觸的基礎之上，並注意到這一接觸遺留至今的尚未明確解答的命題，以及當今儒學所處的危急情勢，才能進一步探討那些更具思辯性的問題。我首先從理論上和實踐上提出人的問題和人超越自身的能力問題（第三章），其中良心問題成為自我超越的基點。我還將論及社團的概念，這是由於儒家道德良心從始至終有著明晰的社會重心。有了關注人事國務的聖人的理想，儒家道德良心的社會側重亦指明自我超越的方向。這個超越境界的基本原理進一步推導出絕對者或者上帝的問題（第四章）。接下來一章論及祈禱、冥想、神秘和祭祀崇拜（第五章）。這方面的闡述解釋都借助 F. 海勒（Friedrich Heiler）在《祈禱》（Das Gebet，Munchen 1921）一書中提出的富有啓發性的原則，即先知性與神秘性宗教各自強調人格神或超越的絕對者，透過各不相同的祈禱實踐與神溝通，或是透過冥想產生與萬物同一的神秘體驗。我認爲，早期的儒學與海勒所主張的信仰一位至高無上的人格神的「先知型宗教」更爲接近，現存經典中的禱告證實了這一主張；而後期的儒學則更接近所謂的「神秘性宗教」，這種宗教以超越而又本存於宇宙萬物之中的絕對者取代了神。我注意到這兩個傳統之間確有相同之處，但又不應忽略其不同之處。我並不希望用先知的或神秘主義的概念爲儒學爭得更多的價值，相反在使用這些概念的時候我始終注意這種類比的局限性。此外，我認爲基督教是以信仰耶穌基督的神爲基本內容的，而正是在這裡區別開來，倫理道德的價值而不是對神的思想決定了儒家是什麼人。這樣，第四、五兩章構成了一個單元，而第三、六兩章構成了相應的另一單元。此處，關於自我超越的實踐的論述沿著政治相關性的方向展開（第六章）。這一問題自始至終是儒家教誨中有意識的和有機的組成部分，而今天的基督徒也愈來愈肯定政治相關性是基督徒責任的組成部分。

當前的對峙總要引向未來。正是考慮到這一點，我才以最後的「結語」結束全書。在「結語」部分，我以儒學和基督教的對話爲觀照討論了亞洲神學問題。我運用複合的，多種神學觀點的方法來表述自己主張的多元主義，其中包括理念層面的多元化神學及實踐層面的多元化宗教。雖然我看到某些共同因素在一些特定的世界宗教中湧現並促成對一些共同的信念的更廣泛的承認這一可能性，但我並不期待一種世界性的信仰。而且，我不能接受例如「根本置換」的理論[5]；這種理論主張一個皈依信仰的人必須和自己以往的文化決裂才能成爲基督徒——這是因爲基督教信徒通常認爲這是得救的唯一途徑。

我確信一個明徹的神學視野貫穿在本書的始終，但我要感謝許多遵循另一蹊徑的學者的工作，如對 Religionswissenschaft 即宗教史的研究。我亦試圖依據新教和天主教神學家的解釋闡發來進行我的神學思考，但又不陷入與本書無關的爭端。本書的讀者不僅僅局限於神學界人士，還包括所有對比較哲學和比較宗教感興趣的人，也包括漢學家。儘管我主要涉及中國的儒學研究，但是，我並未忘記日本、韓國和其他地區對儒學研究做出的巨大貢獻。我並不計劃撰寫一部面面俱到、詳盡無遺的書籍，也並不奢求解決某些爭議未

---

5 Hendrik Kraemer 在 *The Christian Message in a Non－Christian World*（Zurich, 1940）一書中強調「根本置換」是皈依基督教的先決條件。而 William E. Hocking 已然預見到「世界信仰」的出現，因而反對 Hendrik Kraemer 的見解。參 William E. Hocking, *Living Religions and a World Faith*（New York, 1940）第三章。

決的問題。我僅僅希望這本書的介紹性研究，透過儒學與基督教中共存主題所呈現的廣度和深度，開拓出個眞正的思想與反省的視野。

我們都是啓蒙時代文化遺產的繼承者，而以儒學爲主體的中國哲學在十七、十八世紀經耶穌會傳教士的介紹進入歐洲，對歐洲的知識界，特別是在啓蒙時期產生了眞正的影響。那個時候，圍繞著儒家禮儀能否和基督教信仰並存等問題，儒學成爲宗派間激烈爭端的契機。而今天，基督教的知識分子和傳教學家似乎大都忽略了儒學研究，轉而對佛教產生了強烈的興趣[6]。我並不想留難任何這類熱中。人們希望從更廣闊的比較視野，將整個人類的不同形式文化遺產兼收並蓄，以便更深刻地理解自己的宗教遺產；對於這些人來說，熱心於佛教是非常有益，甚至是不可或缺的。但我仍然認爲，和佛教相比，儒學與基督教之間的關係更緊密，這是因爲它們有著明顯的、共同的倫理關注。此外，儒學亦不乏精神層次的深度。誠然，儒學接觸佛教拓展了自己的精神視野。但是，我們可以說，儒學仍是爲自身的目的改變了佛教的精神性和神秘主義，從而將占儒學中心地位的倫理關懷和

6 佛教傳統和印度教傳統均自成體系，並應當得到尊重和認眞對待。我只想指出 R.C. Zaehner 在 *Our Savage God* 一書中（參註4）曾指明因佛教和印度教一些教義的倫理上的模棱兩可而產生的某些困難，並暗示基督教和儒學之間存在著更大的一致性。R.C. Zaehner 是位比較宗教學家，他對印度宗教有獨到的研究和了解，並且公開宣稱信奉基督教（天主教）的信條。有如此背景的學者的意見值得人們注意。

更深一層的內省層面結合起來。和基督教一樣，儒學既有「內向性」，其基礎是對自我、對自我的尊嚴和超越自身侷限的適宜的關切；同時，儒學又有「外向性」，其基礎是對社會責任，甚至是對世界的責任的真切的尊重。不僅如此，正如我力圖揭示的那樣，儒學尚有一個明確的縱向層面，植根於其對超越存在的開放。因此，我認為更好地理解儒學是一個有價值的參照點，從此出發可以重新評價基督教遺產並思考其前景。對儒學的更好理解，不但豐富基督教意義的自身理解，而且有助於繼續完成建立真正的亞洲神學的任務。

我倡導儒學並非完全沒有批判性的。一方面我力圖闡揚儒家關於人性向善和理想政體的觀點，人向神開放和人與自然和諧的觀點。另一方面，我也指出某些疑難之處：那些使觀念和理想僵化的制約，以及那些偶然因歷史條件和環境而定的規範。例如，我可以用更多的篇幅討論儒家體系中婦女卑賤的問題。但我認為，在這樣一部介紹性的著作中，討論是足夠的了。另外，當談及儒學和基督教應怎樣互相借鑒時，我明確指出這兩大傳統都並非完美無瑕。在探討人與社會、神與絕對體、祈禱與神秘主義時，我也指出基督教的一些疑難，這些疑難屢屢在時代和文化中出現。

在撰寫此書的過程中，我得到許多人的鼓勵。在此，我謹向他/她們致謝。同時，我又希望得到本書讀者的幫助、支持和指正。我希望我的讀者中將會有比較哲學家、比較宗教學家、神學家、漢學家和東方學家，以及更廣泛的讀者群，他們關注繼承包括儒與耶在內的世界文化遺產的挑戰。我深知我不可能使人人滿意。有人會對我的概括質疑，有人則希望我提供更詳盡的材料。但我希望至少本書可以激勵人們去思索，而我又能從那些開始思索的人們處獲益。

本書的英文版，1977年出的，這次的中文版稍有刪改，書目尤其有所增潤。

秦家懿 於加拿大多倫多大學

1991年2月

第一章
「儒」與「耶」之交往

一、概論

本章旨在審視基督教與儒學之間一些相同的主題，以便在基督徒和儒學學者以及關心這兩大傳統人士中間，激發出對「對方」的更大興趣並進一步研究「對方」。爲此應當首先清楚地界定我所理解的基督教是什麼，儒學又是什麼。

上述問題早在耶穌會傳教士與儒家文明的接觸過程中，就引起爭議，主要涉及「God」（神）一詞的翻譯以及如何接納儒家禮儀。本章將結合其歷史情形討論這些問題。其他章節，尤其是討論神之問題的第四章，和討論儒家禮儀與基督教聖禮的第五章，將透過神學視角來再次檢討翻譯和禮儀之爭的問題。我希望由此表明：這些重要的神學問題雖然可以歷史地回溯到早期的傳教活動，但對當今文化間和宗教間的對話意識仍然十分重要，而且事實上，它們還獲得了嶄新意義。正是因爲意識到這一點，並希望推動不同文化、不同宗教間的對話，我才寫了這本書。

(一)什麼是基督教

我所指的基督教是什麼？是耶穌基督的最初教導，還是兩千年來教義的發展衍化？是教會體制還是構成今天基督運動的自發性團體？是像基督徒習慣於使用 Christian 一詞那樣，指一切好事物，還是指某種特定的和特殊的事物？此外，基督教一詞是否可以接受或容忍合成詞組所表達的意義：世間是否可以有儒家基督教、佛教基督教等等？

顯然，此書既然討論基督教與儒學，就必須對兩者作某些區別，否則將無從進行比較分析。用基督教一詞代指一切美好的和道德的事物是令人難以信服的，這近乎自以為是，彷彿從自身立場說，好佛教徒骨子裡是基督徒，而佛教徒又盡可以說好基督教徒骨子裡是佛教徒，這樣做就可保全自己了。我認為，基督教既是歷史的又是當代的宗教。它的根是閃米特人的宗教，經過希臘化、拉丁化，然後傳入阿爾卑斯山北部的歐洲。這時它開始並且持續不斷地孕育發展哲學內涵。在相當長的時間裡，基督教的哲學因素先後和柏拉圖主義、新柏拉圖主義以及亞里士多德—托馬斯傳統緊密相連。基督教包括拉丁、羅馬、希臘正教諸形式。希臘正教在東歐的斯拉夫民族中廣泛傳播，而且保持了更多的柏拉圖主義因素。而拉丁—羅馬傳統則幾乎在西歐、中歐得到廣泛認同，一直到歐洲殖民探險時才傳入其它大陸。基督教還包括十六世紀宗教改革運動以後發展形成的各宗派以及隨之而來的各種神學體系。基督教包容各種聲稱信仰耶穌基督的教會。它們盡可以在教義、禮拜、教會的組織形式和結構方面存異。基督教也包括那些個體的或「團體」的基督徒，他們因為這樣或那樣的原因脫離了教會，但依然信守一些重要的信條，並奉行這些信條限定的生活方式。最後還應該著重指出，基督教還指向未來的基督教，即經歷了目前的危機考驗並從這些危機再生的基督教；這個意義上的基督教在與非西方的世界宗教和文化傳統交流中、在與對神人關係的根本認識中，在更寬鬆的結構形式內，在今天世界中重新煥發出活力。統觀所有這些定義，區分基督徒和非基督徒或後基督徒的最根本條件，乃是教徒在其信仰及行動上自覺自願地表明他/她信奉基督。

雙重身份的基督徒問題更爲複雜。但隨著時間發展會變得更具普遍性。猶太教、伊斯蘭教和基督教素有排他宗教之稱，而印度教、佛教、儒學、道教以及神道教相比之下則有會通意識。爲了皈依基督教，在人生中關鍵性一步，就是與自己的過去決裂，信猶太教、伊斯蘭教或佛教的人更當如此。這是人的長期以來因襲的規定。的確，基督教的排他性發展到內部出現宗教分歧。譬如現在新教徒改信天主教可能不必施第二次洗禮，然而直到梵帝岡二世時，他們仍通常要受一次有條件的洗禮，並有公開譴責自己過去的「錯誤」。

無庸諱言，基督教一直兼有合成成分——它吸收並從某種程度上改造了希臘和羅馬的信仰，吸收並改造了歐洲日耳曼部落以及中美、南美印第安部落的信仰。然而，這一現象一直沒有得到適當的認識和分析。不過如今，先是在基督教的各教派之間，後來又普及到所有的宗教信奉者，出現了一個更加相互容忍寬宏的氛圍，促使排他主義的壁壘逐漸土崩瓦解。或許沒有人聲稱自己同時信奉新教和天主教，但幾乎所有的人都更願意說自己是基督教徒，以此強調重要的相同之處而不是去突出微不足道的差別。儘管基督教、猶太教以及伊斯蘭教這三大宗教在本質上有根深蒂固的排他傳統，相互對話不會自然而然地產生信仰上的融合，或許僅在信奉基督教的猶太人和阿拉伯人中間會出現例外，但基督徒與猶太教徒以及伊斯蘭教徒的關係似乎得到了改善。

基督教與南亞乃至遠東各宗教間的對話還有另外一種潛在的可能性。基督教在很大程度上放棄了以往的征服主義和排他主義，因此就有可能產生印度教—基督教或是禪宗—基督教一類的宗教生活形式。儒家基督教的可能性就更大。我認爲，拿印度教與基督教、禪宗與基督教相比，儒學和基督教的相通之處更多。這一觀點將在本書中逐步闡述。在此，我僅想指出，只要某些本質性的條件得以滿足，就可以預見到兼容其它宗教的基督教的眞正未來。

如果我們回過頭來看一看基督教的核心，即信奉耶穌基督和他的啓示，就更容易理解上面提出的問題。鑒於本書的內容所限，不能過多地探討這樣的問題，我只想說明，信奉基督是神的啓示，是與福音書的精神相符的生活方式所反映的信仰，是基督教的本質特徵。當然，對於那些尙未具備這一條件的人來說，就無所謂兼容他教的基督教。基督教兼容他教，是要看其他宗教如禪宗、儒學等能否認同基督教的這一關鍵信念而並無任何根本衝突。換言之，在禪宗基督教徒或儒家基督教徒的生活中，佛與孔子可以是行動的典範和啓發的來源，但和耶穌基督相比，他們畢竟是第二位的，惟有基督的生活和教導才是整個基督徒生活的規範標準。

耶穌基督是基督教和基督徒生活方式的決定性準則，基督教的福音不是耶穌教導之外的補充，而只能是他的教導。因此基督教神學也必須是耶穌教導的詮釋。誠然，耶穌基督本人不是哲學家，但基督教神學可以有其哲學內涵。或許福音書沒有祈禱及靈修，但基督教神學可以有，而且必須有這些內容，其中包括對祈禱形式和精神生活的闡述，因爲神學是人對神的啓示的回應，這一回應發生在理性和倫理道德的層次上，也發生在個人和存在的層次上，它是人從靈魂深處對神的尋求。正是在所有這些層次上，基督教和其它形式的宗教信仰和宗教生活發生對話。

耶穌基督對基督教比孔子對於儒學要重要得多。以下對「儒學」一詞的解釋，會愈加清楚地證明這一點。在此提出來爲的是說明我爲什麼要以基督教的耶穌教導爲觀照選擇某些儒學的題目進行分析。從總體上講，我不準備多談基督教的後期發展，只側重談論祈禱與靈修問題，因爲在這類問題裡，個人的、主觀的因素尤爲重要。一般來說，我是借助當代的科學發現和各種相關領域中的進步，突出過去神學探討所禁忌的獨立與開放的精神，來從現今的理解看耶穌的教導的。這對於我至關重要，因爲我是爲這個時代的讀者而寫作，目的是要讓讀者更了解基督教與儒學，並且希望這樣的研究工作終將引向對儒與耶的有創見的理想與更新。

㈡什麼是儒學

那麼我所指的儒學又是什麼？這不是一個容易回答的問題，而且要回答這個問題，還要大大借重對儒學學者和儒學本身的批評。顯然，儒學一詞意義不明確，它指的是由一個名叫孔丘的人創立發展的思想體系。然而，如果我們拿它與基督教（Christianity），或是與法文 christianisme 相比更說明問題。我們會發現孔子對儒學所起的作用遠遠不能和基督對基督教的使命與教誡的重要性相提並論。西方人用 Confucianism（直譯是孔教）來界說中國的傳統並不確切。

中國人自己通常更喜歡用儒家或儒教而很少用孔教。孔子從來未自詡爲人師，而是自稱是「述」先聖的教誨。但是，即便是對中國人，儒字亦有不同的引申含義，既指孔子本人和他傳給後世的倫理教誡，亦指繼承發展的整個所謂儒家傳統。它還包括從十一世紀起占顯要地位的形上學的學派。對於缺乏批判性的人，甚至是受過教育的人士，它可能常常用來指二十世紀的儒家「餘毒」：忠孝節義的倫理觀念，或是這些觀念浸潤的儒家社會結構。二十世紀初，即在1916年和1919年的五四運動及其餘波中，儒學正是因爲這樣的思想意識和社會形態受到攻擊。今天的批評家仍指向這樣的舊體制——「孔家店」，聲稱儒家的「幽靈」仍在「游盪」，而政治權力機構則倡導馬克思主義的意識形態。

如果說「儒學」的內涵不明確，那麼「新儒學」一詞更是如此。在西方，這一用語用來指唐（618－907）、宋（960－1279）以後衍變形成的理學。理學的形上學意向更明顯。原因之一是儒學與道家和佛教哲學的接觸。但事實上，並非宋明之後儒家都是形上學家，這又引出了一些混亂。譬如清代（1644－1911）之後學者有意識地反對形上學，但維護儒學，同時也新湧現了傑出的形上學家。在中國，「新儒學」特別用於中日戰爭期間（1937－1945）儒學的發展及其在現代的新生。在台灣，「新儒學」也是這個意義，因爲台灣政府一直在爲儒學復興大聲疾呼。令人感興趣的是中共自從官方否定了批林批孔運動以來，也有這種趨向。

但本書所謂的儒學乃是指整個儒家傳統，特別是指這個傳統的初期以及與孔子的名字和記憶緊密相聯的那一部分內容而言，而「新儒學」一詞則是指宋明時期興起的哲學—形上學運動，這個形上學一直是二十世紀初清王朝覆滅前大部份時間都被奉爲國家正統的哲學。

那麼，儒家究竟是宗教還是哲學？它難道不僅僅是一套實用的道德教誨——關係到社會行爲的規範與禁忌嗎？人們一次又一次提出這類問題，而且往往是儒學的批評者這樣問。本書在審愼界定這些用詞之後，將以之解說儒學。

假如宗教是指西方古典形式的教會體制，如羅馬天主教，它有自己的等級制和僧侶制，有定義分明的一整套教義和道德戒律，有隆重的公共禮儀和聖事禮儀，那麼前現代時期的儒學只及其餘而不及全體。儒學有其公衆禮儀：如前所說，由此而引起爭端。儒學有敬天和尊祖的祭祀禮儀，它甚至允許爲包括孔子在內的、「半神化」的歷史人物供奉香燭供品。然而，它沒有僧侶架構，只承認皇帝是「大祭司」，是唯一有資格祭祀上天的人；至於一家之長，則是祖先之靈與活人之間的交流媒介。地方政府的官員通常主持在各地孔廟舉行的祭祀儀式，而孔子的後裔則在聖人的故鄉曲阜享有特殊地位，是政府指定的主祭官員。這樣，儒學便有一個世俗的僧侶體制，沒有與社會的其它成員截然分離，沒有寺院制度。事實上，儒學強調家庭生活，而子孫後代的概念從根本上反對教士制和寺院制的獨身禁慾主義。另一方面，除非是旨在抗議社會，儒家關於社會義務的教誡憎惡自行與社會隔絕。無論在那裡，儒學過去是、現在依舊是俗世的宗教。

儒學以「仁」的教誨將教義與道德關係兩者統一起來

——「仁」是人性的美德，是體現五常（父子、君臣、夫婦、兄弟、朋友）這五種美德的普遍性美德。「仁」使人成爲君子，成爲完美的人、聖人。在中國的中世紀，即宋明兩代，「仁」的德行又被賦予形上學的、甚至是宇宙學的內涵，即「仁」與宇宙生命力是二而一。儒學從本質上講是人本主義的，它強調人的潛在的、眞實的偉大本質——因爲人人皆可成爲聖賢。儒家人本主義自始至終關注社會秩序。聖人不僅僅與天地萬物同在，更要與他人同在。要「先天下之憂而憂，後天下之樂而樂」。這並不意味著聖人要全身心奉獻到基督教那種勤勉等工作倫理中（work ethic），相反儒在與自然的和諧中、在與自身的人道精神和諧中，需以與仁和諧之中，享受到樂趣。他並不追求現世的積善以拯救來世的自我。他是具有一種可實現的末世看法：看重此時此地，而並非來世生活，因爲來世自有其道理。

與基督教的教義及道德觀相比，這種世俗的、人本的生活爲超自然留出了一個眞空。這不是說儒學否認超自然。儒學的禮儀明確傳達出，儒家的哲學闡揚了一個人可以與之交流的彼岸世界，只是表達的語言模稜含糊。古代經典裡提及的上帝或天，近乎基督教的神（God）。那些包括孔子在內的半神半人的聖人也很像基督教的聖徒。雖然祖先之靈難以分類，因爲他們不都是有道德的偉人，但對祖先的崇敬本身便表達了對來世的信仰和對那些靈魂的關注。儒家篤信人性善的樂觀主義一直被看作是一種宗教信仰，對這個信仰即是最終信仰一種不可見的秩序。而這一秩序，在新儒學的語言裡，就是天的秩序，它既超越又內在。儒學也十分重視人生中的幾個關鍵性階段。如成年、婚嫁和死亡，並透過特定的禮儀象徵賦予這些階段以「神聖」的內涵。

如果可以說儒學是俗世的宗教，那麼，我們更有理由說儒學具有強烈的宗教性。聖賢提供的是自我超越的模式，通向聖賢的道路是自省，這一過程尤其是在宋明兩代開出了修養的層面。成聖成賢之路即自我超越之路，它帶有顯著的宗教意味，但儒學的聖賢與基督教不同，不是因爲上帝的恩惠免除了罪孽，而體現了人性本善這一固有原則。儒家的修養和基督教的禁慾主義不同，它很少涉及祈禱和贖罪，而注重內在的尊嚴、靜坐（儒家的靜思內省的方式），以及人的內在生命與外在活動的和諧。這一注重表現了俗世的靈性，是思考與行動的統一。在基督教裡，通常惟有修道士們才有如此的關注，他們的道德修行乃是要爲其他信徒樹立一個「活出聖潔」的榜樣。

什麼是儒學的哲學？它是否像基督教那樣爲其教誡提供了哲學性之形構？把它概括爲與「十誡」相似的諸種可行或不可行的道德規範與教誨是否更爲恰當？

這裡我們面臨著儒學的「流行」形象問題。匆匆瀏覽《論語》會得出這樣的印象：孔子是一位道德行爲的導師，他教導仁慈、公正和孝悌。然而對五常的注重給這種教誨一種明顯的等級秩序取向，使得儒家倡導的德行打上了劃一的乃至被動的烙印，結果成爲統治階級的御用工具。這樣解釋必將歪曲儒學的核心意義。這正如把基督教與嚴釋警誡的「十誡」完全等同起來，必將從基督教的全景中抹去基督本人的形象，抹去他愛上帝、愛鄰人這一主要教導，忽視了耶穌的教導乃是律法的基礎與根本。

事實上儒學與基督教相近。儒學根本就是一有關生活方式的教導，教人怎樣通過道德倫理的修養來實現自我超越。之後的哲學闡揚了儒學和基督教。哲學的系統化在某些方面開拓了理性的視野，在其它方面則又使視野變窄了，因爲它將原有的教誡局限在一個確定的思辯體系之中。這樣一來，新儒學雖然沒有吸收早期閃米特和希臘時期基督教已經具備的教條主義傾向。但更接近中世紀的經院哲學。新儒學成爲國家正統僵化理學形式之後，雖然仍是人本主義，但卻是僵死的人本主義。它犧牲了眞實具體的人，卻侈談美德的理論，因而它倡導的是虛僞，而不是眞正向善的努力。經院哲學最黑暗之處即是犯了上述同樣的錯誤：完全以尋求來世的幸福來拒斥人生存在的重要。

從根本上看，儒學究竟應當是宗教、是哲學還是一體兩面，對於試圖重新評價儒學並不相關。這類理性的分類因爲關係到分析者的選用立場，很有可能帶有感情色彩。例如，在中國的傳教士指責新儒學缺乏宗教性，而馬克思主義的批評家則恰恰相反，從新儒學的修養功夫中看到了宗教精神，並且正因爲這種宗教精神而厭棄新儒學。面對這類問題，我們最好記住在古代中國的詞彙裡沒有宗教和哲學這兩個術語。儒學表達的是具有宗教和哲學內涵的「教」。

二、歷史上的交往

基督教對儒學，和儒家對基督教各有什麼了解？從雙方現存的最早記載來看，這方面尙屬空白。歐洲人中，更普遍的而且否定的傾向，是把東亞人視爲異教徒、偶像崇拜者，其因蓋出於東亞人是「非基督徒」。偶爾亦有比較正面的看法，就是把東方想像成智者的國土，那裡擁有博學的哲學家和星象學家。這很可能是「馬太福音」第二章裡東方智者的故事遺痕。介於上面兩種意見之間的第三種傾向則是將中國人視爲準基督徒，或者至少是在中國人中有一個基督徒的群體，他們差不多信奉永恆不死的原則。因爲幾個世紀以來總是有人提起，有著傳奇式聲名的司鐸若望（Prester John）爲其首領。最後這一意見成爲把最早的「傳教士」帶到中國去的動力，他們要尋找一個基督教的中國[1]。

而中國人對於歐洲和歐洲宗教同樣一無所知。中國人認爲自己的國家是世界的中心，「西方」不過是佛教的發源地，甚至到了十六世紀葡萄牙商人和旅行者定居澳門以後，中國人還常常把他們看作是某個「佛教宗派」的信徒。

早期中西方相互缺乏瞭解很有啓發意義。西歐和東亞的兩大文明都是各自根據自我了解爲起點去理解對方。雙方似乎都沒有更有力的理由去深化已有的相互了解。這種狀況至少延續到十六、十七世紀耶穌會傳教士來到中國才結束。西方理性的追求、宗教的熱忱極具擴張主義，終於引導人們發現了中國本土的哲學—宗教傳統。

毫無疑問，耶穌會教士是已知的最早發現儒學的歐洲

---

1 參 Igor de Rachewiltz, *Papal Envoys to the Great Khans* (London, 1971)第一章及第58－59頁，142－143頁，184－185頁。

人。他們首次向歐洲闡述解釋儒學。不錯，早在耶穌會傳教士夢想到中國去之前，甚至早在耶穌會建立之前，就有來自歐洲的基督教傳教士先期進入中國。七世紀和九世紀時聶斯托里教即景教（Nestorians）到過中國。這是流傳下來的歷史遺跡告訴我們的，其中包括——利瑪竇（Matteo Ricci）在華時期的十七世紀早期——出土的一塊石碑。碑文記述了教士阿羅本（Alopen）大約是從波斯抵達唐代的中國[2]。十三世紀時，方濟各會的修道士來到蒙古人治下的中國，當時中國仍有景教徒，但已不再是積極活動的傳教士。方濟各會任命約翰·蒙特克未諾（John of Montecorvino）爲中國的第一位主教。主教駐紮在大都（北平），據說曾爲六千人施了洗禮。然而，方濟各會在中國傳教的歷史的插曲甚至比景教還要短暫，並且這兩個教派似乎視若無睹作爲中國宗教或哲學的儒學[3]。馬可·波羅（Marco Polo）也到過元代的中國，並以其中國經歷的記述轟動了歐洲。但他也沒有提起過儒學，僅僅把中國人描寫成異教徒。

---

2 關於景教問題，參 A.C.Moule, *Christians in China before the Year 1550* (London, 1930)，第二章；*Nestorians in China：Some Corrections and Additions* (London, 1940)；以及中國學者陳垣<陳垣學術論文集>第一集（北京，1980）。

3 方濟各會的材料見 A.van der Wyngaert 編輯的 *Sinica Franciscana* (Quaracchi－Firenze, 1929)，第一卷第57－58頁；Igor de Rachewiltz, *Papal Envoys to the Great Khans* (London, 1971)第四、八、九、十章；以及方豪《中西交通史》(台北，1953－1954)，第二卷第八章。

因此，直到十七世紀有了耶穌會傳教士的報告和文字材料，歐洲似乎才知道孔子其人以及孔子的學說。儘管如此，這一遲到的發現對於歐洲的知識界有著深遠的影響。那時的歐洲連名義上亦不存在統一的基督教，宗教信仰已然分化成新教和天主教，彼此的宗教分歧往往還與國土疆域並行共存。而且這時的歐洲由於哥白尼（Copernicus），伽利略（Galileo）和牛頓（Newton）諸人的科學發現，和哥倫布（Christopher Columbus），伽馬（Vasco da Gama）等人的發現新大陸，正在經歷著社會與思想的深遠變革。這促使耶穌會到中國和東亞的傳教成爲可行之事，但同時也爲知識界精英面對理性主義的新紀元、爲他們懷疑基督教的信仰與價值觀念做好準備。諷刺的是，耶穌會對儒學的闡述，竟在一定程度上促成了這一理性主義和世俗主義的成長[4]。

㈠耶穌會對儒學的解說

耶穌會教士初到中國時[5]，對佛教的認識多過對儒學的

4 這方面最好的論著是 Paul Rule 的 *K'ung－tzu or Confucius? The Jesuit Interpretation of Confucianism*（Allen and Chwin）。我和 Paul 在堪培拉就此問題所做的一系列討論使我從中受益匪淺。參看方豪<中西交通史>3卷（台北，1968）。

5 耶穌會在華活動參 L.J.Gallagher，*China in the Sixteenth Century*（New York，1953）；G.H.Dunne，*Generation of Giants*（London，1962）；Henri Bernard－Maitre 的有關著作，Le Père Matthieu Ricci et la societe chinoise de son temps（Tientsin，1937），“L'Eglise catholique des XVIIe et XVIIIe siecles et sa place dans l'evolution de la civilisation chinoise，” *Monumenta Serica*（1935－1936），I，第155－167頁；以及方豪《中西交通史》，第五卷第五、六章。

了解，因而最初是穿上僧袍並借用佛教詞彙來配合傳播福音。這樣做是很自然的，因爲從表象來看，佛教與儒學相比更有宗教上的相通之處。傳教士接觸的很可能是民間佛教，而民間佛教顯而易見是有教條教義和神化人物，有來世的信念，有對人類的憐憫之心，有典範的寺院禁慾的宗教。正是出於同樣的原因，中國人也把基督教視作佛教的另一個教派。然而，利瑪竇卻自有洞見。初到中國的經歷告訴他，占統治地位的價值體系不是佛教而是儒學。此外，他多年來致力於學習漢語、研究儒家經典，進一步使他確信基督教和儒學之間存在著更多的並行不悖之處，特別是早期孔子教誨中對至高存有的崇敬和高尚道德的勸勉，更與基督教多有相近之處。誠然，儒學不談來世的生活，也沒有教義架構；但這對基督教傳教士並無不妥，因爲他們相信正好可以填補空白[6]。另一方面，佛教的生死觀和涅槃說也的確給基督教神學家提出了棘手的難題。因爲基督教神學家把人生看作是直線發展而不是佛教持守的輪迴再世，同時他們把來世看作是一種實現而不是佛教所言的虛空。爲此，利瑪竇脫去僧袍換上儒服。這是深思熟慮後作出的抉擇，促成的原因既考慮到利益得失也委實心悅誠服。從那時起，在耶穌會教士心目中，佛教徒便成了偶像崇拜者，而儒家則是潛在的同盟軍和皈依者。正

6 參 Henri Bernard－Maitre，*Sagesse chinoise et Philosophie Chrétienne*（Tientsin，1935），第101－117頁。這部書出版於幾十年前，但至今仍是爲數不多的從基督教的角度探討中國哲學的著作之一。

如利瑪竇在其著名的教義問答《天主實義》所說的那樣，儒家經典的表達方式雖然原始，但暗合了神和來世生活等基督教的觀念，隨著時物推移，儒家的這些眞知灼見逐漸模糊了，原因一方面是因爲佛教的影響，另一方面則肇因於儒學對佛教之有理由的回應。但是，既然中日經典著作仍保留儒學的至上地位，那麼，重新發現孔子本人原有的、是眞正的教導，將有助於對基督教福音書的理解與接受。

利瑪竇的見解是否公允？是否允許皈依的基督徒繼續敬拜祖先以及孔子的亡靈，這類禮儀是人神化的象徵，抑或僅是崇敬的象徵？漢語中的神明一詞又作何解釋，即「上帝」和「天」之類的術語能否充分表達基督徒對神的信仰？

這個問題並沒有特別引起傳教士的興趣，去進一步促成基督教兼容另一種宗教——佛教；相反卻導致他們懷疑利瑪竇對儒學所作的肯定性解說。具體的疑問落在儒學的禮儀上。

禮儀之爭與術語之爭，使得在中國和日本的傳教士分化爲兩個對立的陣營。那些在受過教育的人中間工作的傳教士——大都是耶穌會教士——傾向於融合；其他人，如在目不識丁的民衆中傳教方濟各會和多明我會，則極力反對融合。這並不難理解，因爲沒有受過教育的人往往爲禮儀加上宗教色彩，而有知識的人則將禮儀主要看作是紀念儀式，不是宗教崇拜。加之，「民衆」理解的民間儒學更受民間佛、道兩教的思想左右。即使是在特權階層中，尋求融合的耶穌會也很難調和儒學與基督教。例如，當時盛行的新儒學完全把形上意義放入早期儒學所表達的至上存有的「天」，從而把天變爲天一地的二元體，變成宇宙，至終讓新儒學的靈魂和這種天一地概念和諧一體。基督教信徒很容易看出，這是以泛神論取代了一神論。此外，尚有「理」和「氣」二詞。對於尋求精神實質與靈魂不朽之明確解答的基督徒來說，這兩個形上學原理太具有唯物主義的意味了。耶穌會堅持說有一種更純粹的儒學存在，而這種儒學只能在書本中找到，根本不爲大衆接受，如此一來，耶穌會豈非自欺欺人？

我們應當從兩方面看耶穌會這些有爭議的意見。一、耶穌會作家向歐洲讀者解釋儒學的方法；二、最終導致教皇下令譴責儒家禮儀的爭端。耶穌會爲傳教目的積極地在歐洲爲儒學的宗教教誡塑造一種有利的印象，但當時歐洲的知識份子正在尋求理由來懷疑基督教的旣定模式和嚮往自然神論及理性主義，結果耶穌會沒有料到，自己熱情讚揚儒學這個歷史悠久而又在基督教之外的宗教與哲學遺產，恰好爲那些歐洲的知識份子幫了個大忙。另一方面，把儒家教義和儒家禮儀容納到基督教裡，很難讓人簡單接受並得以實施。實際上，基督教與儒學的相遇是兩大正統思想傳統的交鋒：一是特蘭托公會（Tridentine）之後的天主教傳統，主張脫離教會沒人能得救；另一個是新儒學的國家哲學傳統，它沒有原罪的教義，因而強調還需要拯救，雙方相當允許交流，允許改信他教。當時有些中國人的確接受了基督教的信仰，但同時仍然是儒家。然而，即使沒有外來干涉，耶穌會的融合也不可能持久，除非以神學反思的形式進行神學的辯解。但是，教皇反對儒家禮儀的諭令、隨之而來的宗教迫害以及對耶穌會的壓制，使得目的在於宗教融合的神學辯解成爲不可能。只有在今天，當形勢發生急劇改變時，融合才能得到提倡。

基督教傳教活動曾一度流行在日本和中國。儘管1587年幕府將軍豐臣秀吉頒布取締禁令。但據估計，1605年日本可能還有七十五萬基督徒，大約占全國人口的百分之四。在中國，到1700年為止，據信有三十萬受洗的教徒，而且涉足朝廷的耶穌會教士甚至期待清朝的皇帝康熙（1662－1723年在位）會改信基督教。然而，繁榮如曇花一現。1614年，日本的幕府將軍德川家康驅逐了所有的傳教士。他及其繼承對傳教士的嚴酷迫害，顯示了日本的統治者從宗教與政治二方面對基督教拒斥之深重，因為他們確信基督教是外國宗教，和歐洲人有關係，並且是迷信。儒家風聞之後也深表同意。德川幕府在掃蕩基督教的同時，不遺餘力地倡導儒學的教義。至於中國，傳教士內部的衝突以及羅馬教廷對禮儀之爭的干涉，傷害了基督教的宣教事業；另外政治風波，包括朝廷上的傾軋又使情況進一步複雜化；隨後便出現了宗教迫害，結束了中國傳教活動的黃金時代，到1800年，以往所有的宣教收穫和進展都喪失殆盡。

讓儒學界改奉基督的第四次努力發生於十九世紀末期。那時，傳教士尾隨商人和征服者捲土重來。這一次，傳教士的地位因其政治上的庇護者而遭到損害，同時那些皈依的中國信徒亦因傳教士而名譽不佳。但其咎最終還是歸於西方的傲慢主義，因為科學與工業成功，因為擁有高人一籌的技術，西方的傲慢主義不僅表現在種族與政治方面，而且表現在宗教與文化層面。這對儒家文化是一場浩劫。十九世紀末二十世紀初，新教和天主教傳教士要為儒學的聲譽掃地負主要責任。基督教傳教士和他們勸化的中國教徒代表了西方化與現代化。除了少數的例外，傳教士都自詡為高等的拯救福音的傳播者，來規勸生活在宗教黑暗與蒙昧之中，且無法享受西方物質進步的中國異教罪人。他們根本沒有意識到，自己這樣的世界觀，其實產生於一個世紀來具有反基督教前提的理性主義，而這個反基督教的理性主義前提更演化成馬克思主義的辯證唯物主義這一新的、富於戰鬥精神的意識形態，其結果很快便將傳教士一百多年來慘淡經營的成果席捲一空。對儒學界的第四次宣教很快發現，儒學的衰落並沒有導致人們皈依基督教，而是把他們成功引向另一種生活方式，即馬克思主義的社會主義；至少在中國大陸、北韓和越南是如此。馬克思主義的無神論與世俗唯物主義遏制了基督教也遏制了儒學。不過在上述地區以外，基督教傳教士還可以在儒學和佛教殘餘影響的環境中繼續宣傳福音。在這裡，基督教近幾十年來把許多原屬儒家之人轉化成教徒。也是在這裡，今天的傳教活動更傾向於融合。在香港、台灣、南韓、南亞，以及「散居在外」的中國人中，基督教徒的數目一直在穩步增長，至少最近一直如此。

一個有意義的問題，涉及儒家改奉基督教：這些信徒是更傾向於基督教還是更傾向於儒學？與佛教皈依基督教不同，從儒學皈依基督教的信徒再也不必放棄自己的「禮儀」——禮儀之爭已不再是個事關生死存亡的問題。並非因為1939年羅馬教廷諭令允許基督徒參加敬祖和敬奉孔子的禮儀，禮儀之爭的解決，是因為儒家社會世俗化的進程日新月異。祭祖的禮儀逐漸減少，尤其是從中國移居到南亞和更遠地方的人，很少把祖宗牌位帶到自己的新居。雪梨一位事奉海外華人中多宗派信徒的華裔牧師有一席發人深省的談話。據他講，這個團契內的新教友大多是在近三、四十年間離開中國的，他們的世界觀本質上是儒家的，他們希望他們本人和他們的家庭都經驗道德上正直的生活，並在教堂裡尋求相互支持和精誠團結。這位牧師還補充說，這些教徒從對上帝的共同信仰中，從同一個祈禱儀式中尋求安慰。因爲基督教爲「沒有根的儒家團體」提供的正是這種安慰。

㈡術語之爭與禮儀之爭

耶穌會以及其他教派的傳教士到遠東去的主要目的是傳播福音。但他們面臨的高度發達的儒家文化，對人、對宇宙均有自己的看法，亦有禮儀方式來表達自己的信仰，因此傳教與這樣的文化相遇，便引出了文化碰撞問題。是否爲了保護基督教對人及其得救的獨特的見解，而去拒絕任何可能存在的對立教義？是否應當經過眞正的接觸，即公正理智的辯論與討論而允許傳教士向當地的原有傳統妥協？抑或他們只應借取本土傳統中合宜詞彙作爲自己表達基督教眞理的載體？這類問題引出兩項激烈的爭端——術語之爭與禮儀之爭。這兩項爭議在遠東的基督教歷史產生了具有關鍵意義的後果。

第一個問題涉及怎樣把「神」的拉丁語 Deus 翻譯成漢語[7]。耶穌會教士遇到了幾個世紀前來中國的佛教僧侶所遭遇到的同樣問題：用另一傳統的語言表達自己所屬宗教和理性傳統的哲學與神學概念。佛教徒採用格義的方法，即從中國古籍經典選擇其義接近巴厘文或梵文原義的漢語詞彙。即使如此，他們有時亦不得不用音譯的方法翻譯某些專門術語，例如 nirvana 譯為涅槃，samsara 譯為生死。「生死」一詞恰如其分地表達了輪迴的本義。佛教是以調和態度為前提對待中國哲學的，由此引發了文化融合的漫長過程。在這一過程中，印度的佛教中國化了，因此，從六世紀到十世紀，「佛教對中國的征服」這一佛教主導情勢[8]，有時亦被視作中國人對佛教的征服。但是，佛教以人生存在的痛苦為出發點形成多種思想學說，可以解釋為一神論、泛神論或者是無神論，而基督教傳教士則把神的啓示視作教義的核心，並且要尋找一個合適詞彙能夠譯釋神 Deus 的涵義。結果使他們為難的是，他們發現中文裡諸多相關詞彙，其中每一個都可以用來涵指一個至高無上者而通常又含有其他意義，例如：上帝、天、神和太極。這類詞的某些用法在早期的儒家典籍裡常常意謂著更大程度的超越性和人格化，後來新儒學的評註又賦予同樣的詞以更多的形上學意義，從一體化的，「有機的」哲學本有性出發來強調絕對體與宇宙的近似性。此外，這類流行詞彙由於受佛教與道教的影響，語義更是紛

---

7 十九世紀時，新教傳教士和學者 James Legge 也分析了怎樣將神（God）一詞譯成中文的整個問題，他特別為耶穌會教士早就提出的觀點辯護，即上帝是眞正的神。參 *Legge, The Notions of the Chinese Concerning Gods and Spirits*（Hongkong, 1852）。

8 湯用彤《漢魏晉南北朝佛教史》（上海，1930）；Kenneth Ch'en *Buddhism in China：A Historical Survey*（Princeton, 1964），第二～七章。

紜複雜，頗有泛靈論和多神主義的信仰色彩。主要與士大夫打交道的耶穌會傳教士以利瑪竇為榜樣，致力於文化融匯。在詳細研究中國古代經典之後，他們為使用「上帝」還是「天」而發生爭論，後來公開聲稱選定「天主」，而不計較什麼天的主對中國人意味著什麼，同時偶爾也還繼續將「天主」稱為「上帝」或「天」。即使這樣，爭端仍未平息。先是耶穌會內部爭論不休，然後是在更大的傳教士圈子裡，包括其他教派，其中不乏反對耶穌會融合儒學的方法。身為在華在日耶穌會傳教事務的最高長官，龍華民（Nicolas Longobardi）乃為利瑪竇的繼任，他就看出流行的新儒學注重理性，對天的理解也頗有形上意味，因而他質疑使用天主是否明智，他主張既然中文詞彙內涵含混不清，不如棄置不用，而採用拉丁語 Deus 的中文或日文音譯。然而，這個嘗試在日本碰了壁：十六世紀中葉，到日本的第一位耶穌會教士沙勿略（Francis Xavier）曾經採用過眞言宗用語「太乙」（Dainichi）；稍後他改用 Deusu（Deus）[9]，結果發現日僧把 Deusu 比作 Dai－uso，意即彌天大謊。有一段時間，傳教士為用漢字天主還是假名 Deusu 猶豫不定，但後來還是選擇了後者。三位一體中的聖父、聖子、聖靈亦譯為

9 利瑪竇大約也曾用過 Deus 的譯音，至少在他傳教生涯中的某一時期是如此，參見 P.Pasquale M.d'Elia，"Le Origini dell'Arte Christiana chinese（1583－1640）"（Reale Academia d'Italia，Studi e Documenti 9，Roma，1939）及 J.J.L.Duyvendak 的書評，*T'oung pao* 35 (1940)，第386－388頁。房兆楹教授亦向我指出這一事實。

Deusu Patere，Deusu Hiiryo 和 Deusu Supiritsu Santo，目的在於捍衛教義的精確性。不過這種行動強調了基督教的外來淵源，一方面使得皈依者認定自己是在信奉異國神祇，另一方面也使得他們未能眞正理解神的教誡，因爲宣教的語言是歐洲經院哲學的「語言」，其中包括位格(persona)、實質(susutanshiya)、恩惠(garasa)，甚至信仰(hiidesu)等概念。

在韓國，神的語言引出的麻煩比在中國和日本要少得多，其部分原因是大約在十七世紀中葉，基督教才首次傳入韓國，而傳播的媒介是中國教士與中國書籍。而且韓國的語言從來便有自己的詞彙用以指示一個具有人格特徵的至高無上者：Hananim，即本土宗教中的神；這位神最初是和韓國人神話傳說中的祖先——檀君——息息相關[10]。

---

10 參 Spencer J.Palmer, *Korea and Christianity* (Seoul, 1967)，第一章。韓國的基督教傳教事業的天主教部分參考 Charles Dallet, *Histoire de l'Eglise de Coree* (Paris, 1874), Charles A.Clarke, *The Old Religions of Korea* (New York, 1932) 提供了補充材料，參第229－255頁。新教部分參見 L.G.Paik, *The History of Protestant Missions in Korea, 1832 － 1910* (Seoul, 1971)；Samuel H. Moffett, *The Christians of Korea* (New York, 1962)。韓國的儒學參考 Laurent Youn Eul － sou, *Le Confucianisme en Coree* (Paris)。此書作者是天主教神父，雖然他的著作完成於數十年前，但它至今仍是規範的西文參考書。同時亦可參考 K.P.Young and G.Henderson, " An Outline History of Korean Confucianism ", *Journal of Asian Studies* 18 (1958) 第81－101頁，(1959) 第259－276頁。此外，哥倫比亞大學的張昕教授談及今日韓國的基督教，亦使我受益匪淺。再有，李丙熹《韓國儒學史略》(漢城，1986)。

術語之爭後來為更激烈的禮儀之爭所淹沒，羅馬教廷也宣喻天主教傳教士任何時候都必須使用「天主」一詞，不要理會「天」或「上帝」等用語，以免在皈依的信徒和可望皈依的信徒心中引起混亂。然而，到十九世紀中葉和末期，新一代在華傳教士，尤其是新教徒再次使術語之爭死灰復燃。最終，新教徒決定採用「上帝」，而天主教堅持使用「天主」；這類決定至今仍在許多基督教信徒心目中象徵著天主教和基督教或新教，兩個宗教的共存，並且各有其自己信奉的神。在日本，情況有所改善，因為今天的新教和天主教傳教士大都傾向於偏好使用 Kami（相當於中文的神）。但在韓國，雖然兩派教徒都向 Hananim 祈禱，但是天主教徒同時也求助於天（Chung－ju）。

儒家「禮儀」指的是一整套儀式習俗，包括一年一度由皇帝親自主持的祭天禮儀；春秋兩季祭祀孔子；以及儒官負責的其它祭禮，諸如尊崇據信能保佑地方生靈的山神、河神。特別是祭祀城隍，這個半神化的歷史人物，因繼續關心現世和本地生靈的民計民生而給予官職。此外，尙有家庭的祭禮，如生辰忌日與婚喪嫁娶的供奉祖先，這些禮儀一般在刻有姓名的祖宗牌位前或是在逝者的屍身前舉行。儒家的世界觀裡，禮儀具有重大意義。「禮」字本身亦有合乎情理或舉止端正的含義。另外，「禮」還有宇宙以及社會秩序方面的重要意義，因為禮和季節變換、國家政體、整個教育制度以及家族生活息息相關。

問題是，這些禮儀所代表的信念是否和基督教的信仰並行不悖？孔子或是祖先是否被視為神祇而理應受到崇拜？如果回答是否定的話，為什麼要使用香燭，有時還要用牲畜做祭品？在西方，這種祭品意味著對神的崇拜。是否允許改奉基督教的信徒繼續參與這類祭禮？抑或他們必須放棄此種習俗，來表明與自己的文化歷史、家庭傳統以及列祖列宗決裂，並且毀棄他們的教育和前途，因為定期參與某些公開的禮儀是學生和官員應盡的義務？

反對儒家禮儀的人指出，使用香火、祭品和祖宗牌位，令這些禮儀的意義模糊不清。他們認為，崇敬本地神靈使人聯想起泛靈論或泛神論，而尊崇孔子和祖先更意味著，如果不是在文人學士心中，至少也是在平民百姓心中給受尊崇的人物以神的地位，因而使得禮儀的參與者成為偶像崇拜者。如果准許皈依者繼續參與這類儀式，那麼他們可能會把基督教的神看成是早已熟知的眾神中新添的一尊神。

禮儀之爭開始時僅僅是傳教士內部的論爭，後來發展成雙方互相指控。這不僅引起宗教裁判所和羅馬教皇的重視，而且也受到中國朝廷乃至康熙皇帝本人（他與耶穌會的私人交誼很好）的關心。為此中國的皇帝公開解釋了禮儀的含義：尊孔子是尊他為先師而不是神；供奉死者的祭禮本義為記奠儀式而不是崇拜；祖宗牌位僅僅表示孝心與忠誠而別無他義；「天」與「上帝」與天地萬物的主宰相同而不是物質的天。儘管如此，羅馬教廷仍決定無視中國皇帝的解釋。反對意見決定了羅馬的最終判斷，認定古代中國人是偶像崇拜者，現代的中國人則是無神論者；儒家典籍乃至耶穌會出版的禮儀教訓方面的中文著述，均與基督教的信仰格格不入；祭祀祖先的禮儀之所以不合法，是因為它們是獻予祖先亡靈的，事關偶像崇拜與迷信；孔子本人在公開場合是偶像崇拜者，私下卻是無神論者，因而基督徒不應當尊其爲聖人。鑒於種種原因，1742年教皇諭令（Ex quo singulari）斷然干預，譴責並禁止「中國禮儀」。

我們認爲術語之爭和禮儀之爭事關緊要，首先是因爲羅馬的決定導致了幾個世紀中遠東傳教事業的逆向發展。其次，爭辯長達幾十年，牽涉到在華傳教士，歐洲本土的巴黎大學神學院，以及萊布尼茲（Leibniz）、沃爾夫（Wolff）、伏爾泰（Voltaire）等歐洲哲學家，還包括羅馬教廷（the Holy See）——但那些最終促成反對中國禮儀和文化融合決定的人根本忽視中國人自己的解釋——中國朝廷的解釋和知識分子的解釋。這裡指的中國人，有被耶穌會勸化的大學者徐光啓（1562－1633年）和歷史上第一任中國主教羅文藻（Gregory Lopez）[11]。羅文藻本人雖是多明我會教士，但在禮儀問題上贊同「耶穌會」的觀點。但因此羅文藻受到自己教派的上司和同仁的騷擾，甚至差點遭到監禁。他任南京教區主教的就職儀式也一直拖延到1685年才舉行，距羅馬的任命已有兩年。直到現代，禮儀之爭一直是在華傳教士中間的富有感情色彩的大問題，允許基督徒有保留地參與某些禮儀的諭令遲至1939年才頒布，因爲那時國人因戰爭與民族存亡等大事更迫在眉睫，實際上對禮儀習俗已興趣寡淡。誠然，傳教士也如履薄冰地嘗試某些文化層面的融合，如建築

11　關於羅文藻，台灣劉順德提供的啓迪人的材料給予我很大的幫助。

中國風格的教堂，允許在基督教崇拜儀式上使用香火等等，但進展過於緩慢，對於那些業已積習西方化崇拜的信徒來說幾乎沒有意義。不僅如此，它們甚至於在本土宗教、佛教或道教的信徒心裡或是同情基督教的儒家心裡製造了混亂。這一切告訴我們，外表的融合不可能產生持久或有意義的結果。融合的表現形式必須體現爲有深度的接觸交流，一定要與十六世紀發生的接觸有所區別。今天，所謂融合已不再是儒與耶的問題，甚至不再是基督教與非基督教宗教傳統的問題。歷史場景發生了急劇的變化，許多西方現世思想的因素影響了遠東人的精神境界。我所指的是西方自由主義及社會主義這兩個層面的世俗人本主義的重要性，它們在不可知論者和激進的無神論者圈子裡發展衍生，並在亞洲代表了西方化——國家政治與思想意識的形式，和教育理論與實踐的形式。

㈢中國、日本的非基辯論

非基督教的爭論文章，反映出那些面臨傳教士全力勸化的老百姓的困難，亦反映出要完成勸化任務的傳教士的困難。爭辯體現了雙方的恐懼、誤解和排斥，有時也體現了個人的創傷、敵意和嫉妒。有意思的是，十七世紀和十八世紀中國[12]、日本的非基督教文獻資料大有相同之處，即都攻擊

---

12 參 Douglas Lancashire, " Anti - Christian Polemics in Seventeenth Century China, " *Church History* 38(1969)，第218 - 241頁。並參《辟邪記》，這是最重要的一篇反基督教檄文，作者是佛教徒，文章收入《天主教東傳文獻續編》(台北，1966)，第二卷第905 - 960頁。

基督教所謂的反理性教義，攻擊它的「迷信」。這基本上是儒家的論點，是從反宗教派別的立場批評基督教，既近於佛教卻又低於佛教。這個特點明顯表現在我們所知道最早的非基文獻《辟邪志》裡。《辟邪志》收錄了約六十篇論文和奏章，作者是約四十位晚明學者，有儒家亦有釋家，他們提出的論點與早些時候反對佛教的儒家論文十分接近。這些文章的作者除了從常識及情理的層面分析基督教教義主張缺乏實證，還引經據典以為論證。既徵引儒家典籍作為根據，也求助於國家的法制，因為明朝法律嚴禁個人直接與天對話，否則便是僭越皇帝的權利，而只有皇帝才是天與黎民百姓間的中介。稍後，前現代時期的非基著述大都沿襲同樣的論證方法，認定基督教是佛教的另一形式，而又認為它不如佛教和道教。日本也不例外。著名的《斥天主》（Ha－Deusu，1620）[13]的作者費邊・福康（Fabian Fukan），早先是佛教的沙彌，後來成為耶穌會教士，最後又脫離教會。具有諷刺意味的是，福康早先出版了第一部為基督教辯護的日文著作《妙貞問答》（Myotei mondo，1605），痛斥佛教、儒學和神道教，並闡揚基督教教義。在他後來發表的非基著作裡，他卻又系統地推證神（Deus）並非如傳教士所說那樣是全能的、和寬恕的。他利用佛教和儒家的典故，做了具體的、

---

13 參 Esther L. Hibbard 翻譯的 *Refutation of Deus by Fabian*（Tokyo，1963）及 Ebisawa Arimichi 等編輯的 *Kirishitan sho*，Hai－Ja sho，第25集 *Nihon shiso taikei*（Tokyo，1970）。

歷史的對比，並且指出歐洲傳敎士對待日本敎徒的傲慢自大、睥睨一切的態度。儒家學者新井白石（1657－1725）在迫害基督敎徒時期一度曾任德川幕府的審判官，他也闡述爲什麼反對基督敎的理由。因爲他發現基督敎模擬佛敎，來敎導諸如創世、墮落、天堂、地獄等荒誕不經的敎義。他還補充說，神（Deus）的觀點和儒家「理」的敎導格格不入。

耶穌會雖然在中國努力使基督敎適應儒家的思想意識，攻擊佛敎是等而下之的宗敎，但仍然發現，在中國和日本的許多儒家學者心目中，基督敎的敎義近於民間佛敎，甚至不如民間佛敎，更不如佛敎哲學。在儒學基督敎的接觸中，批評基督敎的儒家認爲道理在他們一邊，他們反對的是明顯的宗敎迷信，因爲這個宗敎從所謂的神的啓示衍生出其存在的前提，與既定的人生經驗毫無關係。

十九世紀中葉以來，基督敎依仗西方軍事技術和政治壓力的支持，再次進入遠東，這次捲土重來又掀起了一陣非敎的辯論和宣言。西方在戰場上和外交上的勝利，未能立刻迫使中國人和日本人承認西方的觀念和價値優於傳統的亞洲智慧。反之，中國和日本的反響均在於學習西方的科學技術而保存東方的倫理學術。後來，一次又一次的屈辱，其中包括反洋反敎運動的一再失敗，尤其是1900年中國的義和拳運動，先是說服了日本人，後來亦使中國人、韓國人明白，必須學習西方的科學精神和自由民主的觀念。至於宗敎和基督敎則與此不相干。此外，新一代的批評者以更爲堅定的信念重複老調：基督敎是異族的宗敎，表達了外國人從政治上、經濟上，乃至思想意識上壓制亞洲各國。稍後，這些批評者因爲更加了解西方的理智和科學的原則，也能進一步指出科學與基督教相矛盾的地方。在日本明治維新初期要向西方思想開放包括西方宗教，但開放逐漸讓位於反感。1980年的明治教育諭旨強調了儒家的價值觀念。哲學家井上哲次郎（Inoue Tetsujiro）等人贊成儒學，攻擊基督教所教導的博愛之類的觀點與明治聖諭公開宣揚的忠孝美德風馬牛不相及。在中國，二十世紀初期，特別是1919年的五四運動前後，許多重要的知識分子認爲所有的宗教，不論是傳統的、現代的還是西方的，都是非理性的、迷信的。他們引援西方思想家的權威，如十八世紀哲學家伏爾泰和赫爾巴哈(Holbach)，科學家達爾文(Darwin)和拉馬克(Lamark)，社會革命家巴枯寧(Bukunin)和馬克思(Marx)。他們重複西方反宗教的論點，重新信守邏輯的與理性的思維，拒絕靈魂不朽的理論和聖經神話，還補充說宗教觀念常常以犧牲人來吹捧上帝。

今天，在東亞的社會主義國家裡仍能聽到非基辯論。這些論辯同樣借助科學與邏輯來反對宗教與迷信，同時也強調傳教活動與帝國主義強權政治的牽連，此外還借鑒了費爾巴哈（Feuerbach）的宗教是心理投射的理論和馬克思主義的辯證唯物主義觀點。倒是在非社會主義國家與地區，這些爭論並非那麼顯而易見。今天，大多數香港、台灣、日本、南韓和南亞的人已經接受基督教傳教的現實存在。但是，某些態度觀點仍舊定型，基督教在大多數人的心目中終究是異族宗教或西方的宗教；對於爲數不少的知識分子來說，雖然他們不再是佛教徒或儒家「舊派人物」，但還有另外一個價值觀念體系即開明的人道主義與基督教抗衡。這就使得他們避開特定的宗教信念，尊重人和人在社會的重要性的信仰原則，而這些原則與某些「殘餘的」儒家價值是和諧一致的。至此，我們涉及到另一命題：在後儒學社會裡基督教的現狀問題。

三、現狀

基督教在「儒家的」亞洲，究竟現狀如何？各有其生活方式、信念和崇拜禮儀的耶與儒究竟有什麼樣的交流與對話的可能性？

不言而喻，今天的形勢和以往大不相同，甚至和幾十年前，即二十世紀初期亦不可同日而語。那時，遠東諸國還是儒家的一統世界，某些被認作是儒家倡導的道德價值仍被奉為社會秩序的圭臬，得到法律機構的尊重。但今天的情形發了翻天覆地的變化。革命橫掃亞洲，帶來社會的、思想的和政治的巨變。在中國大陸、北韓和整個越南，革命帶來了信奉思想革命的社會主義政府。遠東其它地區，儒家價值觀念雖然依舊存在，但儒家失去了它在教誡或哲學的特權地位，成為衆多思想意識中的一家。在香港、台灣、南韓和日本，學校裡還教授儒家哲學，但僅是與其它課程如佛教、道教和歐洲哲學並立的一門課。儒家的崇拜禮儀，如各季的祭禮依然舉行，但大都是毫無社會意識的紀念性事件。人們不禁思考，儒學在五倫關係不再盛行的新的社會秩序裡，失去政治權力的支持，將如何生存並進入未來？這是本書第二章的主題。在此，我只提下面一點就夠了：儘管失去了統治地位，但儒學正發現自己重新發現自身作為擴散型宗教的生命力。

多少世紀以來，儒學和文化傳統本身，和社會規範與社會習俗是如此絲絲入扣，即使特權喪失，它仍能幸存乃至成爲東亞的物質的與道德的全景之重要的、明確的組成部分。大家族可能大都消逝，但家庭的團結和相互關心存在，依然是社會秩序中不可見的凝固劑。儒家典籍可能已經變成專門研究的對象，但儒家價值觀仍然是小說和電視節目的題材，不管是贊同還是反對。實際上，在社會主義中國，由於仍然存在著儒家價值觀念，庶已引發一場激烈的批儒運動。共產黨控制的政府意在以另一個思想體系馬克思主義社會主義來徹底取代儒學。

上述這個關係到基督教在東亞的存亡與未來向基督徒傳達了什麼信息？基督教在東亞難道不是和它在西方一樣，共同面臨以自由人道主義和馬克思主義社會主義形式出現的俗世唯物主義的咄咄挑戰嗎？基督教由於它的異族根源、希臘哲學、及其在十九世紀時與帝國主義列強的結盟，如今在亞洲難道不是經歷著更多的困難嗎？儒學作爲文化架構的一部分而可能在遠東倖存，基督教卻還沒能成功地融入傳統文化，香港、韓國、台灣等地雖已逐漸地融合基督教，但除此之外的其它地區仍然對所了解的或者所忽視的基督教感到困惑。

基督教在東亞是否有前途？這是我們要回應的根本問題。在那些政府准許進入與活動的國家裡，基督教是否僅僅看作是一個明顯小圈子心態的少數派現象？中國和日本的基督徒是否還繼續自認是無根基的人，置身於無止境的矛盾衝突之中：一方面因爲信奉異國宗教，脫離了自己原來的文化環境，而且又不被允許接受被認作是西方的、俗世的價值；另一方面因爲知道非基督教同胞的信仰和價值觀，所以苦苦掙扎著在意識形態層次上獲取傳統與現代化之間新的調和與平衡？[14]

此處不擬詳細研討自由人道主義和馬克思主義社會主義的主張，但即便是初淺的分析也會得出下面結論：儘管兩者有人這個共同的關注點，但卻對人有迥異的解答：一是把人看作是個體，享有某些不可褫奪權和另一則把人視爲集體中的一分子，因而將個性湮沒於一個新統一體之中。我們深知，儒學的觀照中心也是人，這個人既是社會的一部分，承擔著義務和責任；同時也是個體，有他自己神聖的和內在的道德法庭。儒家的人本主義與世俗人道主義及馬克思主義社會主義都宣揚人的重要性，但具體闡揚則不盡相同。

基督教又是怎樣看待人的呢？是否給予人及人的現實生活以足夠的關注？抑或僅僅強調神與人對神的服從，把來世放置首位，和僅把現世看作是永恆的準備階段？

鑒於這些問題我才著手寫這本書。因爲我知道，基督教和儒學只能以人爲題進行對話。對話也涉及神的問題，但惟

---

14 參 Robert F. Spencer 編輯的 *Religion and Change in Contemporary Asia*（Minneapolis, 1971）。特別是書中有關中國、日本、越南的章節；Pro Mundi Vita 和 Lutheran World Federation 主持編寫的 *Theological Implications of the New China*（Geneva and Brussels, 1974），其中有論及基督教和中國的馬克思主義的一些問題。書中收入我撰寫的「Faith and Ideology in the Light of the New China」，第15－36頁。

有在人擁抱神與超越的形式裡，在神與人相關的前提下才能進行。既然我已經著手寫這部書，我是在假設基督教已有足夠的人本主義的前提下促成並推動這個對話的。據此，我將轉入下一章，討論儒學的存亡問題。我不準備討論基督教的存亡，因爲許多學者已經論及這個問題。我要將本書的重心放在基督教與儒學中人的位置上，放在人對彼岸世界的嚮往追求上。我希望本書將表達這樣的願望：在基督教與儒學裡的視野將進一步被探索、強調與開拓；鼓勵雙方的對話以促成進一步的相互理解；讓基督教與儒學的未來更加開放。

第二章
儒家遺產之批判性重估

學習我們的歷史遺產，用馬克思主義的方法給以批判的總結，是我們學習的另一任務。……從孔夫子到孫中山，我們應當給以總結，繼承這一份珍貴的遺產。

毛澤東

「學習」（《毛澤東選集》第二卷第522頁）

所以我們決不可拒絕繼承和借鑒古人和外國人，那怕是封建階級和資產階級的東西。

毛澤東

「在延安文藝座談會上的講話」（《毛澤東選集》第三卷第582頁）

一、概論

批判地總結文化遺產，這一模式與其說是中國化的，不如說更具西歐哲學與神學的特徵。我們聽說過去除存有學及解消神話，亦知道這不一定是破壞，而可能是批判地建設。我們中有些人重新發現了存在以及新的形上學，另一些人，有些時候是同一批人則找到了超越有神論的神。我們在瀆神中看到了神聖，從激進的無神論中看到了宗教精神。

於是這時，我們轉向中國和中國人。我們發現他們有關黃金時代和循環型思維的歷史傳統，發現他們對傳說中聖王及其智慧傳授的關切，還發現其中有批評傾向的痕跡，但通常意在爲孔子和孔子以前的歷史辯護。上述情形至少沿續到十九世紀末期歐洲的批判精神侵入中國社會環境之前。

從那以後發生了什麼？現在我們有一個新中國，政府提倡外表中國化而來源是西方的批評的意識形態。新的政治領導集團敦促知識分子和人民大衆批判地繼承舊中國的文化傳統，1973至1974年間，我們目睹了中國大陸進行的一場批判運動，矛頭指向儒家遺產這一整個歷史遺產中倖存部分。這場批孔運動1973年8月開始，持續到1974年7月才漸漸偃旗息鼓，持久的、激烈的程度的確使久經考驗的漢學家和全神貫注的中國問題專家大爲困惑不解，使得他們不得不揣測中國大陸發出的每一個字、每一句話或是每一幅畫。這場運動對於普通西方人更是神秘莫測，因爲他們對生活於兩千五百年前的孔子其人一無所知。即使是在中國國內，由於在學校的課程設置上，馬克思的著作和毛澤東的著作早就取代了儒家典籍，只有重新喚起對四書和其它儒家教諭的批評性興趣，才能使這次運動達到目的。自然在中國政治籠罩了生活任何部分，因而所有這一切都是政治行動，其目的直到官方正式否定批孔運動後才顯明出來。

我無意對這場批孔運動做任何政治解釋。我意在回答這次運動向我們提出的挑戰，並對儒學遺產做出我個人的批判性重估。不過，我不打算局限於馬克思主義思想關於歷史、進步和哲學的觀點，傾向於首先分析批判孔子其人及其學說的最著名論點，以便從無稽批判及無端猜測中辨識某些合理成份。這顯然不是維護或攻擊儒學，而是要澄清眞正的思想學術再評價所涉及的問題，爲今天闡發儒學的意義，同時又指出儒學中過時無用的部分。

是的，在對整個儒學遺產進行重估的時候，我要考慮到所有重要的批評，包括漢代（206B.C.－A.D.220）獨尊儒術以前和儒學成爲正統以後，直到1905年廢除科舉制，以及今天我們的時代和最近的批孔運動。我還要討論儒家在西方的「形象」問題，特別是十八世紀時透過耶穌會對儒家傳統的解釋這一仲介而激發的正面反響，和後來十九、二十世紀時新教和天主教傳教士持有的負面反應。通過認眞評價所有這些贊成或反對儒家遺產的主要論述，爲國人乃至東亞其他民族和人民澄淸儒學遺產的相關性和重要性，促使他們發現儒學儘管不再是國家正統，但依舊是他們本土文化的有機組成部分。我希望藉此將會更好理解儒學在世界精神遺產中的相關性與重要性。

我意識到我的研究方法中潛藏著危險，因爲我對儒學的價值判斷的主要參照是反對儒學的批評。而且只有在全書結束時我才會論及儒學的積極之處。然而，我的結論並非全盤否定。我假定本書讀者已經對儒學有所了解，此外，那些想自己檢驗論證的讀者也容易查閱到儒家典籍、歷代的評註以及汗牛充棟的西方專著。

二、早期之評價

最早的評價見於孔子同時代人，它們是針對亂世之時的政治參與而發的。《論語》第十四和十八章記載了好幾個例子。孔子周遊列國時遇到裝瘋或佯狂的隱士，他們譏諷孔子徒勞無功尋求可能會起用他的救國之策的君主。每一次，孔子都既敬且悲地做出反應，接受他們對世道以及他本人的判斷，然而卻明白表示自己「知其不可為而為之」的立場。孔子希冀成為賢相，但他不是以賢相而是以先師流芳千古，他的弟子門徒又以某種從政的方式影響了各自時代的社會。

孔子逝世二百五十年以後，由於衆多弟子沿不同路線發展了夫子教誨。使得孔子的原始學說產生日益重要的影響。但在那個「百家爭鳴」的時代，孔學的發展亦激起諸子百家的爭論與反對，早期的代表者有墨子（468－376B.C.）、楊朱、道家和法家。

到了孟子的時代（公元前四世紀），墨子和楊朱學派的影響似乎與儒家平分秋色。孟子則竭盡全力駁斥墨子和楊朱的追隨者對孔子及其學說的批評。他把墨子和楊朱之說斥為敗世傷俗的邪說謬論。在墨子著述裡有一章題為「非儒」，指責和議諷儒家過度奉守喪葬和婚嫁的禮儀，信奉命運，誇飾地模仿古人的衣著與言行，政治上的消極被動以及戰事上的克制，甚至某些責備直指孔子本人，批評他為陰謀反叛其宗主的小封建貴族獻計獻策：「今孔某深慮同謀以奉賊，勞思盡知以行邪……其道不可以期世，其學不可以導衆……」（《墨子·非儒》）

楊朱則所知甚微。馮友蘭把他描繪成同樣是位入史冊的最早批評孔學的隱士。據《孟子》第七章第二十六節，楊朱宣揚的是完全的個人自由的教義。孟子對楊朱傳統的評判是：「不以天下大利，易其脛一毛，……輕物重生之士。」（《韓非子·顯學》）

道家的著述則較為熟知。《老子》和《莊子》亦公開或隱喻地攻擊孔子及其學說大多出自那些反對投身社會與政治的人主觀的隱士或在野人士之口。《老子》和《莊子》以令人震驚同時又讓人失笑的反諷，嘲笑儒家聖賢、智慧、禮儀和政體的理想概念，倡導反璞歸眞的完美。

> 絕聖棄智，民利百倍；絕仁棄義，民復孝慈。(《老子》第十九章)

> 夫至德之世，同與禽獸居，族與萬物並，……素樸而民性得矣。及至聖人，蹩躠爲仁，踶跂爲義，而天下始疑矣。澶漫爲樂，摘僻爲禮，而天下始分矣。……毀道德以爲仁義，聖人之過也。(《莊子》第九章)

《莊子》還數次講到孔子求道於相傳爲《老子》作者的老聃。老聃告訴孔子的道是在經籍之中找不到的，這個道是在自然的易簡性中方可覓得。《老子》和《莊子》都提出這樣的信念：最賢明的君主是以自然之道，即「無爲」治國的君主。

> 爲身無爲，則無不治。(《老子》第三章)

> 聞在宥天下，不聞治天下也。(《莊子》第十一章)

至於法家，既不同於教導博愛和政治參與的墨家，也不同於宣揚形上學之法和個人自由的道家，而專治獲取和維持權力的經術。他們屬現實政治(realpolitik)家一派，提出了國家組織及其領導的理論與方法。他們堅決背棄過去以及道德典範，認爲那是人類的弱點。在法家最著名的著作《韓非子》裡，孔子的追隨者因向世間的統治者提供教誡而受到批評：

> 行義修則見信，見信則受事；……爲政如此，則國必

亂，主必危矣。（《韓非子》五蠹）

在另一處，《韓非子》比較了治理國家中禁忌與道德勸誡的效用：

夫嚴家無悍虜，而慈母有敗子，吾以此知威勢之可以禁暴，而德厚不足以止亂也。……爲治者用衆而捨寡，故不務德而務法。（《韓非子》顯學）

法家哲學無疑是功利主義的。民衆更聽命於賞罰，而並非道德說教與勸導。法家一則廣爲人知的寓言告訴我們，一個走上歧途的少年雖經父母的告誡、師長的教誨和鄰居的勸告始終不肯悔改，最後由地方長官出面干涉並派官兵推行法律，才得以改邪歸正：

故父母之愛，不足以教子，必待州部之嚴刑者，民固驕於愛，聽於威矣。（《韓非子》五蠹）

秦始皇起用法家爲相，才能於公元前221年完成封建中國的政治統一大業。政治統一亦伴隨著其它層次的統一努力，其中包括知識和思想上的統一，刑法、度量衡的標準化，以及各種文字的統一。公元前213年，秦始皇下令焚燒醫書、算書和農書以外的所有書籍。爲了制止人們批評其統治，據說他還下令活埋了460名學者，不清楚其中有多少是儒家。

儒學因此轉入地下。直到漢武帝(140－87B.C.)尊儒學爲國學，經政府倡導和官府教育制度的支持，儒學才復活並獨享尊崇，但孔子的教誡亦受到某些損傷。榮耀顯赫的儒學已不再是孔子、孟子的哲學，它已然吸收了許多異己的觀念，特別是法家、陰陽學說和宗教哲學的觀點。它強調五常中上下卑賤的秩序，更甚於當年孔子和孟子。此外，官方的支持亦意味著官方的控制。所以漢代興起的儒學在很大程度上決定了儒學的未來，是「融匯了民衆迷信和國家崇拜因素的偉大的、混合的宗教……並披上一層薄薄的儒家及孔子以前的古代經典的僞裝，以便使之受人尊敬並具有權威性。」[1] 這一勝利常常被人形容是「皮洛士的勝利」，即「付出極大代價獲取的勝利。」[2]

三、現代之評價

所謂現代評價始於十九世紀末期以後。當時西方的侵入從政治上和心理上震撼了中國。中國的知識分子開始了對中國文化遺產，特別是對儒學的心理質疑。儒學被視爲禁錮心靈的沈重枷鎖，阻礙著中國的現代化。民國前較早的批評者是章炳麟（章太炎1868－1936）。後來則有1921年成立的中國共產黨的創始人陳獨秀；著名的作家和犀利的諷刺家魯迅（周樹人），杜威（John Dewey）的弟子、中國白話文學運動的領袖同時又是精於古代遺產的學者胡適。

1961年，《新青年》的編輯陳獨秀還未發現和獻身於共產主義的思想意識。他和胡適、吳虞、易白沙一道，大聲疾

---

1 參 H.G.Creel，*Confucius the Man and the Myth*（New York，1949），第243頁。

2 參 Vitalii Rubin，*Ideologija I Kul'tura Drevnego Kitaja*（Moscow，1970），第42頁。

呼反對儒家的既定體制，反對在憲法中確認儒學為國家宗教或國家哲學、並推行儒家化教育的提議。胡適特別著重批評民國前已定為國家正統思想的晚宋儒家，易白沙則攻擊孔子及其門徒為「政治革命者」，斥責其教導和學說為折衷主義。而最猛烈的攻擊來自魯迅，他的第一篇短篇小說《狂人日記》（1918）以及隨後發表的同樣著名的其它作品，譴責「吃人」的禮教用消極、服從的德行扼殺人的自由和個性的主觀能動性。魯迅的批評嘲弄了僵死的舊禮教中非人性因素，這一孔教傳統到那時為止一直緊緊地與政治—社會的既定體制捆綁在一起，所關注的僅僅是自身權勢利益的存亡。在中國最近一次運動裡，魯迅的反孔文章大受推崇和讚頌，而他對儒家傳統入木三分的批評在海外華人中，尤其是在那些親身經歷過中國大家族制、家長專制和窒息個性的傾向等種種弊端的人中間仍然有反響。他們的斥責與論證與今天、特別是十八世紀對基督教傳統的批評似曾相識。後者亦攻擊教會專制和僵死的教條主義的立場，這種立場使得教會無意間走向它所聲稱的要維護人的自由與幸福的反面。

無論是作為個人還是作為一個集體，這些現代的儒學批評都希冀從繼續支撐垂死的社會秩序的僵化的正統思想桎梏中解放出來，獲得思想和社會解放。從總體上講，他們並不認為儒學一無是處，而且他們對以什麼取代儒學亦未形成清晰的概念。為了倡導學術上的多元化，他們鼓勵對非儒家學派如墨家、道家和佛教進行積極的再評價。他們也需要來自西方的新思想，然而，除「賽先生」和「德先生」的口號以外，他們對分辨西方思想並不那麼積極開放。陳獨秀能夠看到基督教中積極與消極的因素。而胡適作爲自由人道主義的倡導者，始終反對以一種思想意識代替另一種思想意識。至於魯迅則一直是傳統觀念的叛逆並且從來不是什麼偶像崇拜者。他極力反對過度讚頌任何權威，不管這權威是保守的還是革命的。但是，當時受到攻擊的儒學不一定是孔子本人的學說。而是統治者用來維護令人痛恨的黑暗現狀的官方學說，正如周策縱指出的那樣：

> 孔子的精神是否眞的即是受知識分子攻擊的後來的儒學精神仍然值得爭論。孔子的學説教義不乏含糊之處與局限性，所以不同的側重或歪曲必然會勾勒出不同的孔子。[3]

二十世紀初期很少有人有效地爲儒學辯護。人們的反儒呼聲體現了剛剛覺醒的中華民族的愛國感情，從中表達了反對西歐與日本諸列強帝國宰割中國的民族獨立自主的希望。而民族獨立的力量則相應與熟知的儒家價值針鋒相對。中國在尋覓新生，儒家思想代表了陳腐與停滯；中國轉向了「西方」，轉向了文藝復興和啓蒙主義的思想觀念，而把舊日的儒家看作是「黑暗的年代」。這對研究比較思想史的學者來說是富有意義的，可以發現歐洲思想史上有某種相同的趨向。十七、十八世紀時，歐洲經耶穌會的介紹，發現儒家中國爲此深受震撼，因而促動了自然神論和理性主義的問世並

3　見周策縱，*The May Fourth Movement* (Cambridge, Mass., 1960)，第311頁。

導致知識分子與宗教體制分化；到了十九、二十世紀，歐洲卻反過來又威懾了中國，激起中國人對自己遺產的質疑。

㈠尋找歷史上的孔子

對整個中國傳統，尤其是對儒學的質疑，亦引起對於不同民衆崇拜製造的孔子形象的歷孔子的探尋。本世紀二、三十年代發展形成的、更爲科學與批判的史學方法，在某種程度上促使這一任務更易於完成。學術批評型的中國學派是與顧頡剛、錢玄同等人的名字聯繫在一起的。顧頡剛就從事於這樣的「歷史的探尋」，目的在於，透過對孔子崇拜的歷史環境的科學性調查研究，將孔子拉下聖人的寶座。他說：

> 春秋時的孔子是君子，戰國時的孔子是聖人，西漢時的孔子是教主，東漢後的孔子又成了聖人，到現在又快要成君子了。[4]

錢玄同追究的是儒家典籍作者歸屬問題。他摒棄了孔子親自撰寫或修改這些著作的理論，提出失傳的《樂記》根本就不存在，而其它五經則是孔子用作教科書的互不相干的著述。錢玄同對古典的懷疑是堅定激烈的，又敢發不同於權威意見之言，爲此他自號「疑古」。

對歷史孔子的探尋並未持續很久就被中日戰爭打斷了。由於缺乏孔子其人其說的歷史資料，這樣的探尋即使不爲戰爭所中斷可能也不會長久。但孔子確實與後於他的基督一樣，無疑是眞實的歷史人物。漢代某些好事者神化孔子的企

---

4 參顧頡剛編《古史辯》（北平，1930－1931），第二冊第262頁。

圖從未能夠眞正成功，但卻留下一個神聖的光環掩蓋了眞正的孔子。即使流傳下來的史料亦幫助不大。《論語》（公元前300年）中簡短的記錄包含有傳奇的成份。大約寫於公元前100年司馬遷《史記》裡的傳記提供的，則是自相矛盾的時間年代和荒誕無稽的傳聞逸事。《史記》描繪的圖像和《論語》的記述互不吻合，因爲《論語》這部夫子語錄集很可能是孔子的弟子的門徒編纂成書的。而現代的非神化趨向更讓我們意識到這些難處，更無法確認我們對孔子其人其說究竟可以了解多少。儘管如此，對歷史孔子的探尋仍是有益的。從某種意義上說，它可以和史懷哲(Albert Schweitzer)等人對歷史基督的探尋相媲美，只是它的壽命太短了。儒學傳統的研究仍然缺少像魯道夫·巴爾特曼(Rudolf Bultman)那樣的詮釋家，否則就會較全面地闡發儒學對現代人的寓意。儒學的「福音」(kerygma)需要進一步的探尋與宣揚[5]。

四、五十年代以來馬克思主義的評價

1945年中日戰爭結束，接踵而來的是中國的內戰和中國共產黨的勝利。人民共和國的新政府選擇了馬克思主義的思

5　有關尋覓歷史上的基督，巴爾特曼對「可信的基督」的贊同態度以及其後發展等問題，參見 James M. Robinson, *A New Quest of the Historical Jesus* (*Studies in Bibliocal Theology*, First Seires, No.25), (London, 1959)。須知，「Kerygma」（福音）一詞用於孔子的學說教誨與基督教福音意義不同。孔子從未像基督那樣自稱傳達了神的啓示。

想意識，並進入文化評價的新的歷史階段。新的國家領袖毛澤東並未立即抹殺傳統的精華，他提倡批判地繼承偉大的文化遺產。

㈠方法論問題

新的意識形態要求批判性評價的新標準。借助於客觀辯證邏輯的辯證唯物論和階級鬥爭的原則，被用來分析中國思想文化史。這樣的研究方向帶來它自身的問題，因爲對歷史的唯物主義的解釋乃是把將研究過去看作是獲取未來政治目的的手段，即要建立一個烏托邦的社會主義社會。這不僅染上了科學決定論的色彩，而且要求個人對烏托邦的理想境界獻身，故此又想像出人創造了歷史。新意識形態借鑒了卡爾·馬克思（Karl Marx）用來分析歐洲歷史和資本主義誕生的歷史分期法，但顯然馬克思沒有考慮過這種方法用來理解俄國和亞洲是否正確。然而，在斯大林（Stanlin）統治蘇聯時期，直線型歷史發展的理論竟已成爲共產黨的思想體系的組成部分，而郭沫若在研究古代中國社會時又繼承了這一理論，結果是武斷地將中國歷史分爲原始共產主義社會、奴隸社會、封建社會和資產階級資本主義社會的歷史分期。封建制的劃分產生了一個特別問題。如果以中世紀歐洲的封建社會爲參照系，中國的過去就會引出許多難點，這與日本的歷史情況不盡相同。與歐洲模式最爲接近的中國封建制約在公元前三世紀就產生並很快就消亡了。接之是朝代的取代興衰，一直延續到二十世紀初期。那麼中國的封建時代究竟何時起又何時終呢？

歷史分期問題對於重新評價孔子具有特別重要的意義。

因爲孔子生活的春秋時代，無疑是歷史上的轉折點，但是從何時代向何時代轉折呢？如果孔子的時代是封建的，他本人又是封建價值觀的鼓吹者，又因爲在資產階級社會出現以前，中國有著漫長的「封建」時代，那麼，我們簡直無法責備孔子是阻礙歷史發展的絆腳石，於孔子更爲有利的是，孔子的批評者大都同意孔子確實教導了一些觀念，這些觀念如果不是「進步的」，或者不像有人所認爲的是「革命的」那麼至少是「改良的」。

有趣的是，郭沫若身爲最受尊敬的中國馬克思主義歷史學家，卻稱讚孔子及其門人是政治革命家，並引援《墨子》中的片段支持自己的論點。墨子成爲1916年和如今反孔人士的寵兒，《墨子》中的片段章節對孔子的批判也最力。郭沫若反對以「墨家店」取代「孔家店」，他還極力批評韓非子與其他中國法家的「法西斯主義」觀念。但是，郭沫若在其《十批判書》的結尾部分小心地註明，他所取的立場是堅定的歷史唯物主義者的立場，所以雖然他認爲孔子是其時代的「進步人士」，但他並不認爲儒學於現代中國有什麼用途[6]。

中國的歷史學家不得不處理歷史分期的問題，同時中國思想的研究者亦要解決運用唯物主義—唯心主義二元對立法去理解傳統的中國哲學問題。斯大林時代的文化發言人A.A.日丹諾夫（A.A.Zhdanov）以這二元對立法分析了俄國思想史，並據此猛烈地攻擊G.F.亞歷克山得羅夫（G.F.

6　參郭沫若，《十批判書》（上海，1950），第90－102頁。

Aleksandrov）的西歐哲學史論著[7]。日丹諾夫雖已在蘇聯無足輕重，但他的方法論和假定卻成了中國的中國哲學批評家所恪守的尺度。這些批評家仍關注哲學的論辯層面，特別注重方法、邏輯和認識論等問題。這一基本出發點也就設定正確的方法可以產生正確的觀點，因而贊成經歸納經驗與實踐活動中所產生的知識，而判定演繹法這一思索與認知的主要方法是引向虛假謬誤的方法。在中國，認識論取向的方法基本上屬於倫理道德體系，以倫理價值觀決定這些體系的得失。例如，唯心主義的思想方法之所以不好，不是因爲採用的認知方法有缺陷，而是因爲它被用來幫助剝削階級。

接下來的問題是，將中國歷代思想家分門別類再給予他們的學說以最終宣判。例如，哲學家孟子表現出神秘主義的傾向，無疑是位「唯心主義者」；然而孟子的政治主張有進步的意識，甚至冠以革命的理論；而道家如老子和莊子，雖有一類萌芽期的「唯物主義」觀念，但卻表達了更爲保守的政治見解。另外，十九世紀中葉傾向基督敎的農民起義領袖洪秀全及其追隨者顯然是勞苦大衆的英雄人物，而且已得到這樣的讚辭；但他們公開宣揚的基督敎信仰則將他們置於唯心主義者一方。

儘管郭沫若表明了他對孔子的讚賞（他對明代儒家思想

---

7 參 A. A. Zhdanov，*On Music, Literature and Philosophy*（London, 1950），第78－80，106－112頁和 J. M. Bochenski，*Soviet Russian Dialectical Materiatism*（Dordrecht，1963），第37－48，97－103頁。

家王陽明亦表示偏愛），但其他左派作者則恰恰相反。蔡尙思《中國傳統思想總批判》抨擊整個儒家傳統，尤其抨擊了孔子本人的著作。這部書譴責孔子的貴族出身，批評他的學說是工農、婦女、中國社會與國家、乃至民主自由與人道的敵人[8]。正如蔡尙思指出的那樣，中國馬克思主義學家對於孔子的不同解說在讀者群中產生困惑。譬如，侯外廬、趙紀彬、杜國庠於1957年完成的五卷本鉅作《中國思想通史》。系統地運用了馬克思主義的歷史和思想分析的方法，更爲激烈地批判宋、明兩代的新儒學運動，即早期儒學、道教哲學與佛教禪學的混合。該書因朱熹學派承認萬物世界中隱藏的形上眞實而稱之爲客觀唯心主義，又因王陽明學派將外部世界徹底內向化而稱之爲主觀唯心主義。它批評這兩個學派的近乎禁慾主義的宗教性修養自省和哲學上的士林經學，卻又相當讚賞王艮的所謂左派陽明學，只因王艮出身平民家庭並未受到什麼正規教育。不過論及早期儒學的章節卻又肯定了孔子其人，將孔子描繪成使教育擺脫了官府專制的師長，描述成一位改革家，其社會批評反映了進步的傾向。

㈡「仁」的爭論

1962年在山東召開了一次紀念孔子逝世2440年大會，會議尤爲明顯地反映出學者對於孔子學說的價值持有不同意見。最爲引人注目的學術爭端就是儒家美德「仁」的新評價。

馮友蘭、趙紀彬與楊榮國都試圖以「克己復禮」四字解

8　參蔡尙思《中國傳統思想總批判》（上海，1952）。

釋「仁」。「克己復禮」出自《論語》第十二章第一節，該節記敍了孔子與其得意門生顏淵的對話。馮友蘭堅持較爲通常的解釋：「克己」意爲克制自己，「復禮」則被解釋爲恢復禮節禮儀，即孔子本人倡導的施「仁」於貴族與平民的復「禮」。馮友蘭強調指出「仁」作爲一種普遍美德的超階級性，因爲孔子亦將「仁」界定爲「愛人」。

趙紀彬從《論語》裡摘出相同的兩個章節，但他的解釋卻與馮友蘭大相逕庭。他毫不妥協地遵循階級分析的原則，同時利用語言學方法進一步論證自己的觀點。他把「克己」解釋爲「自我實現」，「復禮」則解釋爲整個西周封建制的復辟，又把西周封建制等同於奴隸社會。他在用現代概念翻譯詮譯《論語》第十二章第一節時，用「奴隸所有制」取代了「禮」：

> 顏淵問如何爲仁？
>
> 孔子說：「仁」不是一個抽象概念，……只要有一天能以親身踐履西周奴隸制度，普天下就會同歸於「仁」。……
>
> 顏淵說：……請問其具體條目如何？
>
> 孔子說：凡不合奴隸制的顏色自己的眼睛莫去看它；……凡不合奴隸制的樂歌自己的耳朵莫去聽它；……凡不合奴隸制的言論自己的嘴巴莫去說它……務使自己的耳目口體、視聽言動，無不循乎奴隸制的規定[9]。

趙紀彬堅持說《論語》中的「人」僅指一個社會階層，

9 趙紀彬《孔子哲學討論集》，「仁禮解故」，第413頁。

即擁有奴隸的貴族。他由這一階層看到君子與小人之分，但他反對將這兩類「人」引申為「民」，他認為「民」指的是下層階級，是奴隸。因而他斷言，孔子將「仁」限於上層階級，不施於「民」，所以「民」僅「受治於上」[10]。

楊榮國可能是當今海內外最著名的批孔專家，他更傾向以歷史角度看待整個問題。他將春秋時期看作是奴隸社會，並始終爭辯說孔子在政治上是反動派，他維護社會現狀而反對新興的封建地主階級和商人的利益[11]。楊榮國指出《左傳》中有春秋時期多次奴隸起義的記載，還引用《莊子》裡盜跖對孔子的批評，說孔子是「不耕而食，不織而衣，搖唇鼓舌，擅生是非」的寄生蟲。所以一如盜跖所下結論，孔子罪大惡極，這個所謂的聖人其實稱「盜丘」更為適宜。

楊榮國批判孔子的認識論，稱其為典型的唯心主義，指出「正名」理論反映了孔子以主觀決定客觀的願望。此外，楊榮國還認為孔子所談及的上智與下愚是「天才理論」。

楊榮國在攻擊孔子的同時，表彰最初批評孔子的墨子與墨家、韓非子與法家。他把墨子吹捧為他那個時代的進步力量，一個出身貧賤、反抗統治階級專制的人，他教導的不是「仁」而是「兼愛」。楊榮國這樣解釋墨子的宗教思想：說墨子的「天志」是兼愛的象徵，是積極地反對天命理論和有

10　見趙紀彬《論語新探》第7－28頁。

11　楊榮國山東會議的論文「論孔子思想」，見《孔子哲學討論集》，第373－400頁。

力地推動了奴隸的解放運動。他認爲，墨子談鬼神而實際上又懷疑鬼神的存在，爲的是堅持今世與來世裡人人平等。

楊榮國認爲法家是進步的思想學派，法家倡導統一國家、富國強民的正確主張揭開了中國「封建時代」的新時期。他指出韓非子如何痛斥天命說與鬼神說而維護人的偉大以及人定勝天的能力，他又指出，雖然韓非子爲新興統治階級定法，但韓非子對法的重視則推動解放奴隸的鬥爭。[12]

五、批孔運動：1966年至1974年

「文化革命」期間，隨著林彪掌權和劉少奇失勢，批孔運動進入了一個新階段。1966－1967年間，報紙報導了歷史所和哲學所進行的「文化革命」運動。這兩個所隸屬於當時的中國科學院，並各有自己的刊物：《歷史研究》和《哲學研究》。鬥爭的茅頭主要指向歷史劇《海瑞罷官》的作者吳晗；而毛澤東本人已然爲《海瑞罷官》定案，說它影射毛澤東1959年罷國防部長彭德懷的官。這場動亂亦波及侯外廬，指責他是吳晗和周揚的支持者。周揚當時是劉少奇手下的文化部長，又是1962年山東紀念孔子會議的組織者。因此該次會議亦成爲攻擊的目標，「哲學工作者」被責令放下知識分子「臭架子」，做工農兵的小學生。反對「孔家店」的口號又再度出現。而且這些口號將劉少奇的名字和儒家聯繫在一

---

12 參楊榮國《簡明中國哲學史》（北京，1973），第13－14，28－29，372－189頁。

起，特別批判了劉少奇的《論共產黨員的修養》一書，指責該書引用四書和其它儒家典籍[13]。鼓勵共產黨的幹部用孔子修身養性的觀點以成爲更優秀的共產黨員。

頗爲奇怪的是，1973年反孔喧囂再起時，身敗名裂的林彪又和劉少奇、孔子的名字連在一起。1974年初，運動進入白熱化，一連串的報刊文章和廣播文章伴隨著大量大字報和小冊子詆毀孔子和孔子的學說。

值得注意的是，1972年郭沫若發表了一篇論早期中國歷史分期問題的文章，文中談到他在這個問題上的思想認識發展過程，談到他怎樣在毛主席教導的指正下，終於在1952年前後確定了古代中國的奴隸社會與封建社會的分界線。據說這一分界發生於春秋戰國之交，即公元前475年左右[14]。郭沫若在這篇文章裡沒有提到孔子，但發表這樣的論歷史分期文章在反孔爭論中顯然有利於楊榮國、趙紀彬等批評論點。報紙和小冊子中出現的反孔文章無一不將孔子站在奴隸主階級立場上反對奴隸以及阻礙中國的「封建時代」早日到來當作既定的歷史事實。

較有學術性的刊物所發表的反孔文章中，趙紀彬的〈關於孔子誅少正卯問題〉值得注意。《論語》並未提到這一據

13 參 Julia Ching, “Confucius and His Modern Critics：1916 to Present”, in *Papers on Far Eastern History X*（1974），第136－139頁。

14 參郭沫若《中國古代史的分期問題》，《紅旗》，第七期（1972）第56－62頁。

說是事實的歷史事件，但在《荀子》（公元前三世記）、《史記》（公元前一世紀）和王充的《論衡》（公元一世紀）都有記載。這些文獻相傳孔子任魯國司寇七日之後下令誅殺了著名的士大夫少正卯（公元前498年）。趙紀彬列舉中國歷史所有相信這一事件歷史眞實性的人的論證，以及否認它或是修正它的論點。得出結論是這實有其事，孔子殺少正卯一方面是出於政治原因，因爲少正卯是「封建社會」的新興地主和商人利益的代表人物；另方面則是出於狹隘的嫉妒心理，因爲少正卯吸引走了孔子自己的弟子門徒。

當人們試圖評價這場批孔運動時出現了許多問題。今天對孔子本人的批判毫無疑問是有史以來最激烈的，亦重複了傳統上反對孔子及其學說的論調。今天的批評者評判孔子是「脫離」他自己的時代，是阻擋歷史進程的反動派和反革命；如果對我們今天的時代有任何用途的話，說得嚴重一點所起的亦是反面的作用，他那些有階級偏見的教誨不會有什麼普遍意義；他的思想是陳腐的、「折衷的」和妥協的；他的學說也平庸不提；就連他的人品亦受到攻擊：並非什麼聖人，而是僞君子[15]。

這些結論一度當作蓋棺之論，沒有人進一步努力研究，那些可能導致不同結論的論點。例如，馮友蘭寫文章作自我批評（1973年12月），爲過去錯誤地解釋闡述中國哲學、特

15 參楊榮國等人的批判文章，收入《孔子．頑固地維護奴隸制的思想家》（北京，1973）。

別是孔子和儒學而認罪。他轉而同意「仁」僅僅侷限於理論，並且僅僅施用於君子一個階級。他還保證有生之年根據在文化革命中所學到的知識，全面修改《中國哲學史新編》（1964）已出版部分，在深明思想改造中完成其餘部分。用馮友蘭自己的話來說：

> 在中國哲學史領域內，正經歷一場新的革命，毛主席親自領導，指示方向。我年近八十，在過去搞了半個世紀的中國哲學史，現在還能看見這個偉大的革命，這是很大的幸福。不但能看見，而且還能參加，這是更大的幸福。我決心照毛主席的指示，認眞學習馬列主義，毛澤東思想，改造世界觀，修改《中國哲學史新編》已出版的部分，完成尚未寫出的部分，……[16]。

但是，1977年以後，這類言論逐漸減少，中共領袖中亦有人支持成立「孔子基金會」，並召開國際性孔學會數次，孔子在今日大陸，似已得到某一程度的「平反」。

六、西方的評價

儒學是中國的文化遺產，中國人必須擔負起解釋與批判繼承這一遺產的主要責任。而且中國中已經學到了西方的批判精神，他們也應該再學習西方對儒學的反應與批評。

西方對儒學的批評興起於十七、十八世紀，當時，西方

16　馮友蘭《對於孔子的批判和對於我過去尊孔思想的自我批判》，《批林批孔文章匯編》，第一集（北京，1974），第65－79頁。

人經過傳教士譯介認識了中國。因而他們對儒學的反應主要受宗教態度的影響，即既受教士傳譯者的態度左右又受那些有知識的公衆及其知識分子代言人的態度所左右。傳教士本身的意見並不統一。有些人崇拜中國文化，力圖將福音傳播與儒家教導會通。他們相信在早期的儒家論述中可以發現一神論的信仰和靈魂不朽說。這些最早的漢學家，向西方讀者展示出一幅獨立的、非基督教文化的圖書。這一文化有悠久的歷史，有豐富的、生機勃勃的倫理道德傳統，並且可以和基督教的倫理學比美。他們大都偏愛早期儒學甚於今天西方所謂的新儒學，因爲在儒學後來的形上學的發展中，太極、理、氣等哲學術語取代了早期儒學裡擬人化、宗教性以及實質上是道德說教的用語。但是，十七、十八世紀新儒家主宰著中國的思想界，對儒家經典的各種集註已爲朝廷接受，並且成爲對典籍的正統解釋。

耶穌會關於中國與儒學的撰述在歐洲影響最大，人們就中國宗教起源、中國悠久的歷史編年能否與聖經歷史相比、以及儒家禮儀與基督教信仰是否能融匯等問題展開了神學爭論。

十七世紀出版的兩部耶穌會教士的著作點燃了歐洲知識分子的幻想之火，並爲神學爭論輸送新的燃料。柏應理（Philipe Couplet）的《孔子哲學》（Confucius Sinarum Philosophus, 1687）附有四書中三部書的翻譯和註釋；而李明（L. LeComte）的《中國現勢續錄》（Nouveaux Mémoires sur L'Etat present de la Chine, 1696）則極力讚美中國的宗教和道德學說，因而在1700年遭到巴黎大學的嚴厲譴責，因爲它懷疑基督教啓示的獨特性。但歐洲的一些最傑出的知識分子受影響開始研究中國，對儒學進行哲學與神學的反思。萊布尼茲（G.W.Leibniz）曾經拜訪過許多耶穌會教士並與他們通信往來，其中包括白晉神父（Father J. Bouvet）。他從白晉那裡知道《易經》和新儒學哲學。萊布尼茲寫下《中國新聞》（Novissima Sinica, 1697）這部文獻集，其中有他撰寫的序和論儒學的短文（《儒教禮儀》De Cultu Confucii Civili 1700），闡明他對中國禮儀的立場。在其書信和其它論著裡，萊布尼茲特別欣賞朱熹的理、氣說，堅持認爲中國人不是唯物主義者而是對神、對精神存在有著眞正深刻的理解。沃爾夫（C.Wolff）和萊布尼茲同樣熱衷，他對中國經典著作中包含的道德和政治哲學尤爲欽佩[17]。

但是，並非所有的傳教士，甚至不是所有的耶穌會教士都一致景仰中國文化與儒學，也不是所有的哲學家都願意分享萊布屁茲和沃爾夫對中國的喜愛。利瑪竇的後任龍華民和方濟各會教士安東·聖瑪利(Antoine de Ste.Marie)都堅持己見，認定新儒學的註釋評點應當看作是對古代儒家典籍的解釋，這就意味著中國已經變成無神論者和不可知論者的樂土，不知道精神與物質的根本不同。龍華民的《論中國宗教

17 Julia Ching W.G.Oxtoby, ed., *Moral Enlightenment Leudrnz and Wolff on China* (Nettetal, Steylar Verlag, 1992) 秦家懿編譯，《德國哲學家論中國》，（北京，三聯，1993）。

的數點問題》(Traité sur Quelques Points de la Religions des Chinois)和聖瑪利的《論中國傳教的數點重要問題》(Trait's sur Quelques Points Importants de la Mission de la Chine)都發表於1701年，二文生動反映了在意識到這些問題的傳教士之間進行的激烈討論。在那些沒有對中國的切身體驗的歐洲學者中，費內龍(Fénélon)撰寫了《死者對話》(Dialogues des Morts)，認爲孔子不如蘇格拉底(Socrates)，並且對中國文明的古老與優越表示了認眞嚴肅的疑問。尼古拉斯·德·梅爾布朗(Nicolas de Malebranche)是調合笛卡爾主義和托馬斯主義的集大成者，他寫了一部對話體論文批評儒學(Entretien d'un Philosophe Chrétien et d'un Philosophe Chinois)。這是梅爾布朗自己的神學闡述，他從本體論和認識論出發證明神的存在，根據他的理論：世界是按照神的心智的原型創造的。梅爾布朗還力圖根據他本人的哲學思想重新解釋中國的「理」的概念，把「理」轉化爲形而上的絕對者，他認爲這樣的絕對者優於擬人的神。同樣，孟德斯鳩(Montesquieu)對中國亦是批評多於敬仰。他在《法律之精神》(L'Esprit des Lois, 1748)和其它著作中指出，中國在體制與實踐方面提供了反面的樣板，歐洲應當引爲殷鑒。就連盧梭(Rousseau)亦懷疑中國文化崇拜者的溢美之辭，指出所謂的中國哲人怎麼不能保護自己的國家免遭野蠻人的一次次征服。

但從總體上毛，十八世紀的知識分子還是爲自己發現了中國和儒學而歡欣鼓舞。伏爾泰讚嘆在中國理智與和諧君臨天下，沒有迷信插足之地。他先是在《論習俗》(Essai sur les Moeurs）然後在《普世歷世》（Histoire Universelle，1740）裡，分別引徵中國的上古時代來斥責聖經編年的歷史權威，並且要求保留一個獨立於神啓宗教的倫理體系。盧梭在一篇政治經濟論文（1775）中也對中國作出好評。他的高尙的野蠻人的主張和孟子的性善說有異曲同工之處，可能是無意識的相近。重農主義者魁奈(Francois Quesnay)於1767年出版了他的著作《中國之專制》（Le Despotisme de la Chine），斥責孟德斯鳩對中國體制的批評，讚美中國的開明的專制政治，因爲它是建立在法律與理性哲學的基礎之上。的確，這些法國哲學家確實近乎中國的文人，因爲他們不是專門學家而是興趣才能廣泛的飽學之士，他們的興趣涵蓋哲學、藝術與政治。但是，景仰中華帝國的年代很快就逝去。到十九世紀初期，德國哲學家黑格爾（G. W. F. Hegel）雖仍然承認中國的理智與秩序以及儒家經典中的智慧，但在《歷史哲學》（Philosophy of History）中頗有旣愛又恨的矛盾心理和屈尊俯就的意味。黑格爾宣稱中國和東方其它國家一樣缺少歐洲的精神自由和主觀能動性，因而不會對變革做出反響。

1742年羅馬譴責中國禮儀的爭議的決定帶來了幾十年的宗教迫害，中國與歐洲之間的交流被迫中斷。直到十九世紀中葉，中國才又向傳教士開放。這一次，進入中國的傳教士不論是新教徒還是天主教徒都與利瑪竇及其追隨者的心思大不一樣。據唐納德·特里哥爾德（Donald Treadgold）說，新教徒把中國看做是一個盲目崇拜、黑暗愚昧、等待拯救與勸化的國度；而天主教徒也常常爲了同樣的原因持有相同看法，儘管這兩個教派彼此懷有宗教分歧引起的敵意。

基督教傳教士要爲十九世紀末、二十世紀初儒學威望掃地負主要責任。傳教士和他們勸化的中國教徒代表的是西方化與物質進步。從耶穌會漢學家戴遂良（L. Wieger）身上可以大致了解爲什麼一位學識淵博的傳教士要反對中國文化，特別是反對儒學。他把儒學稱爲一個不要求自己的教徒仁愛與獻身，而要他們「無動於衷和冷漠無情」「乖戾的保守教派」[18]。另一位耶穌會作者樂高爾（S. LeGall）也持同樣態度，他這樣描述朱熹：

> 〔他〕可以稱得上是一位令人憎惡的哲學家，七百多年來，他把對古籍的一個全然是唯物主義的詮釋強加給他自己的同胞大眾。[19]

但也有例外。長老會的詹姆士·李雅各以傳教士的身份來到中國，結果卻變成中國文明的忠實研究者和向西方介紹中國文明的偉大翻譯家。他翻譯的五卷中國經典（The Chinese Classics, 1861－1872）至今仍是空前絕後的傑作。在如何翻譯中文裡「神」字的爭論中，李雅各堅信儒學對基督教「與其說是敵視，不如說是有欠缺」。並爲此敦促傳教士同工學習儒家經典：

---

18 參L. Wiegler, *A History of the Religious Beliefs and Philosophical Opinions in China*（Hsien－hsien, 1923），第195頁。

19 參S. LeGall, *Chu Hsi：sa Doctrine, son Influence*（Shanghai, 1923），第1頁。

讓任何人都不要認爲認識儒家典籍是勞而無功的事。在華傳教士應該完全明白這是他們必須從事的工作；倘若他們盡量避免粗暴地踐踏孔夫子的遺產，他們就更有可能及早看到基督在中國民眾心理受到崇拜。[20]

然而在上海召開的傳教士會議上，萊格的觀點冒犯衆怒以至於他的論文未能收入出版的記錄之中。誠如特里哥爾德所說，那次會議表示對儒家的恐懼「幾乎近於瘋狂」[21]

二十世紀二十年代來華的西方人中，羅素和杜威的名字特別讓人難以忘懷。羅素在中國的傳統思想系統，如道教和儒學中發現了許多值得肯定和讚賞的成份，其積極態度震驚了中國的崇拜者。但羅素也指出由於儒家價值觀念系統的頑固僵化而引起困難。例如，堅持孝道和過份強調儒家家庭已成爲社會變革和重建國家的障礙[22]。杜威亦有相似議論。他對邏輯法和實用主義的注重增強了中國人對儒學之不足的認識[23]。另位學者型而並非傳教士的耶穌會成員德日進（Teilhard de Chardin）在羅素、杜威之後來華訪問並長期

---

20 引自 Donald W. Treadgold, *The West in Russia and China：Religous and Secular Thought in Modern Times*，第二卷 China, 1582－1949（Cambridge, 1973），第43頁。

21 同上，第42－44頁。

22 參 Bertrand Rusell, *The Problem of China*（London, 1922），第40－42頁。

23 參 John Dewey, *Lectures in China*（Harvard, 1973），第50頁。

住在中國。不會中文的他對儒學本身並未大加指責，卻對他所一知半解的中國和中國人甚多微辭。德日進於1923年來到中國，原本是一心希望發現一個古老而朝氣蓬勃的文明，一個具有強烈的、神秘的傳統的文明，然而，在華十五年間，他的觀察告訴他中國人的思想是「靜止不變的，總是轉向過去，……爲人類的進步沒有任何貢獻。」他形容他所遇到的中國人是追求功利的實用主義者和不可知論者，他們生活在一個「幼兒期的或天眞幼稚的氛圍之中。」[24]

七、評價之評價

以上討論了古人與今人、中國人與西方人對儒學的評價。在分析研究這些批評看法時可以發現意見的復合與矛盾。墨家和法家指責道德勸誡的統治方法不是力量而是軟弱的表現；墨家與道家又聯合攻擊誇飾地、不自然地嚴守禮儀制度；道家與法家則對儒家強調倫理道德表示輕蔑；而一些現代批評家又借鑒上述某些觀點來貶低人治和讚美法治，並且堅持思想意識、宗教信仰和國家政治分離。迄今爲止現代人對孔子其人的褒貶並不一致。有人說他是因循守舊的傳統主義者，有人則說他是改良主義者，還有人說他是政治革命家。

不少論點都顯示出對社會秩序與賢明統治的關心。所有

24 參 Claude Rivère, *En Chine avec Teithard*, 1938－44(Paris, 1968)，第133頁。

早期批評者在這一點上是相同的，惟有道家及其同道告誡孔子和他的追隨者不要因爲追求官職而違背自然秩序與自然和諧。但是當中國與西方、西方的社會制度、政治體制及其背後的理論原則遭遇時，對社會秩序和賢明統治的關注卻成爲現代人批評儒家遺產的基本出發點。

對儒學的前現代西方批評不是那麼關心社會。源自基督教的神學世界觀和勸化全世界的使命感給這種批評染上特殊的色彩。龍華民因新儒學表面上與基督教信仰格格不入而批評它，梅爾布朗亦是如此，不過他又補充了哲學的論證。他們關注的首先是他們自己的宗教教義而不是儒學。

後來的西方批評家和現代中國批評家則攜起手來。羅素和杜威擔心的是中國的社會與政治的前途，而他們的中國朋友和弟子陳獨秀、胡適、魯迅等亦是如此。他們批評儒學的社會餘孽是思想自由和社會變革的絆腳石。他們知道中國要想生存就必須現代化，並且要西方化，所以在政體和觀念層次上與過去決裂是必要的。儒家把道德自我修養與謹慎誠摯地治世統一起來，固然十分重要，甚至事關存亡，但是，學習儒家經典並不能爲產生勝任而且充滿動力的領導核心做好準備，因爲理想並不夠。其實古代法家就曾這樣告誡世人，他們對政治道德根本不屑一顧。然而，究竟如何還儒家本來面目並且使其現代化，則是一個大問題，在此不可能詳加探討[25]。

五十年代的馬克思主義批評是1910年至三十年代間現代批評的繼續，它側重於社會考慮，亦引人意識成份，因而與西方和傳教觀念有類似之處。我指的是馬克思主義的分析法和隱藏其後的決定因素，這一思想意識因素及其對哲學文化評價的階級意識方法一直延續到六十年代和七十年代，並在所謂批孔運動中又增加了新的政治因素。

誠然，許多中國人有理由抱怨他們在家族專制下度過了鬱悶的童年，在儒家塾師指導下死記硬背知識，在人際關係重於功績與才幹的社會裡開始成人生活。而且這個社會裡，實行寡頭獨裁的政府是憑個人意志而不是靠法律統治國家。但是這些經驗是否就是儒學影響所致。答案是肯定的也是否定的。就儒學的確強調權威的等級結構而言，這些確是儒家遺跡；但是，由於數百年來儒學受法家思想影響，這也是法家學說而且往往是最壞形式的法家影響。

官方的抑儒揚法清楚地說明官方為高度集權和專制獨裁政府辯護的意圖。這個政府的新正統是馬克思列寧主義一毛澤東思想。而這一新思想意識仍在動蕩之中，其歷史充滿了辯證的運動，充滿了矛盾。批孔運動顯示了兩個這類矛盾：一是因為全盤攻擊權威和繼承過去傳統的原則而顯示出政治與思想上的無政府主義傾向；二是加緊思想控制的傾向。儒學作為倫理道德系統，它的隕落造成了一個精神眞空。取而

---

25 關於怎樣看待儒學在德川時代的日本是現代化的影響力量，已經做了重要的嘗試，如 Marius B. Jansen 主編的 *Changing Japaness Attitudes Toward Modernization* （Princeton, 1965）。書中提出的一些問題在1974年6月檀香山會議上又加以討論。那次會議的主題是中國的實學，組織者是哥倫比亞大學的德培理狄百瑞 W.T.de Bary 教授，資金由 American Council of Learned Societies 提供。

代之的是新生的、仍在發展的毛澤東思想的倫理觀，其側重點是為人民服務。但問題是這個新倫理觀缺少完整的結構體系，不是自下而上而是自上而下地強加於民，法家學說的意味十分明顯。

但是清醒的分析將為眞正的儒家提供了重要的教訓。眞正的儒家一向把人的內在道德意識看得高於所有的國家法令，有時他們會直接求助天或神來審判，一如基督徒。的確，中國的情形讓基督徒回想起教法主義對基督教教義的影響，尤其是當權者利用處分和懲罰機構強制推行羅馬法以保衛教義正統的純潔，結果改造了基督教教義。這很像是儒學教義同樣被法家的保護性法令加以改造一樣。在這裡眞理常常讓位給思想意識，眞摯的尋覓和見識讓位給服從。

儒家的金科玉律亦以否定的語言表達了類似於舊約中十誡的「不要」，但它的重點放在對人的信任與尊重的關係上，即所謂「己所不欲，勿施於人。」（《論語·衛靈公》二十三）這是大儒必行之道的另一種方式，即「仁」這種使人成為眞正之人的美德。孔子認為，「仁」即「愛人」。（《論語·顏淵》二十二）儒家的教誡和基督教的十誡多有相似之處，都強調孝敬尊長、夫妻和睦等等。儒家的「仁」是最根本的、統帥一切的教誡，它賦予其它教誡以意義，正如十誡第一條信仰神一樣是十誡中不可或缺的、最根本的一條。應做或不應做的教誡在宗教和哲學體系裡占有自己的地位，它們根植於對現實和人生的基本看法。然而，應做與不應做的教誡本身儘管提供了以善為內容的生活方式，但並不能構成一個有意義地組合的思想系統。在中國，法家不過是代表了一套可做與不可做的體制，有國家權威的法令保障，但是它除了依靠這一權威獎懲人們以外，沒有爲其教誡提出任何理論基礎。

中國歷史上，儒學常常在極端學派中以不偏不倚的姿態出現，譬如道家與佛教提倡退隱墨家或法家則要求全身心浸入社會與政治。確實，中國人因爲中庸選擇了儒學。然而，中庸並不足以維持儒學的主導地位。儒學還得妥協，還得兼容並蓄，這是政府干預的結果。由此便產生了國家正統思想，即一種大受法家規範的影響、並吸收墨家、道家思想和佛教宗教影響的儒學。

因而，今天要恰當地批判性評價儒學如果不是不可能，至少也是十分困難的，因爲所討論的很少是孔子和儒學，常常是涉及到整個中國文化、心理和社會。

韓國與日本的情形雖不盡相同，也基本如此。儒學是中國和中國人的，也是韓國和日本文化與社會的組成部分，有自己的功與過。在這兩個國家裡，亦是因爲擔心阻礙社會進步和個人解放而攻擊儒學。特別是在日本，反儒情感間或和反抗異族文化傳統的本土情緒不謀而合。

但這並不意味著一定得放棄重新評價儒學的努力。重新評價的任務已經落在關心文化遺產和改革問題的人的肩上。評價的挑戰根本上亦是重新發現的挑戰，是復歸儒家啓示之源的挑戰。我們可能永遠不能發現歷史上的孔子及其學說的全貌，但仍然可以看到今天人們了解的儒學的某些生命力。一旦拋棄法家的法令，家庭傳統和集體團結就會顯示其積極方面。儒家儒值基於人的尊嚴、相互關心、道義責任以及超越塵世，這樣的價值自有其積極因素。我們要借助現代科學、邏輯方法和詮釋學去對經典著作做新的、有意義的學習與研究。爲了區分囿於時代的價值和超越時代的價值，區分過時的與相關的，這樣的學習與研究是十分必要的。要生存、要於現代人有益，儒學必須變得朝氣蓬勃，就像它處於孕育期是百家中一家那樣。

中國人對儒家的反應就像對自己某些直接體驗的反應一樣。因爲長於儒家家族之中，所受的教育帶有儒家價值觀的色彩。所以他對儒學的反應就是對自己的反應，他不是儒家就是反儒，很難無動於衷，他的反應飽含著感情。這頗像虔誠的教徒、接受了重新解釋教義的神學家或是激進的反社會人士對基督教表現出的反應。今天，許多公開宣稱對基督教不感興趣的人中有相當大的壓仰的反教會情緒。

中國人的親身經歷和儒家價值確實有一致之處。這種情緒經歷了多次政治和社會動亂而倖存，並困擾著中國的新領導集團。顯然我們不能完全割裂其歷史，對其過去不加分辨地譏諷與謾罵，而應該對儒學重新發現和重新評價。評價的標準不只是國家與社會的需要，還有家庭與個人的需要；所有需求都要以涵蓋其它人或倫理價值的、更廣闊的思想意識爲參照。不論需求是否相符，它們都對整個人類社會發生影響。當俗世化的進程迫使基督教在宗教和思想多元主義的氛圍中去尋找新的身份和目的時，難道儒學遺產就不能在面臨更大的困難時改變自己嗎？

那麼，儒學現在是否還有相關性？如果儒學僅僅是指不孕育成果的研究，指一個等級森嚴的人際關係，指父母永遠壓制子女，男人永遠統治女人，指對過去感興趣而不關心未來的社會秩序，那麼，儒學就不存在什麼相關性，它盡可以滅亡。

但是如果儒學指的是對人的價值的主動發現，是對人的道德力量甚至成聖成賢可能性的主動發現，是對建立在倫理價價基礎上的人類社會中的人際基本關係的主動發現，對向超越開放的自我的形上學的主動發現，那麼，儒學對現在是相關的，而且永遠是相關的。

如果再進一步，我們希望儒學經與源自它學說的新價值觀新思想接觸——像以往與佛教那樣——並樂於批評地自我批評而追求改變和改造，那麼，儒學不僅是相關的，它還掌握了未來。

誠然，孔子曾經從受人尊崇的高位跌落，儒學業已被剝奪了顯赫的權位。但是，高位與權柄並不適合一個自稱爲學生而不是聖人的人，也不適合一個注重道德勸導甚於強制的學說。我希望儒學在政治上受到屈辱並失去權勢後，它將會生存下去並得以改造，在中國內外成爲一種精神的影響力量而不是意識型態。由於現代科學和社會化以及批孔運動造成的舊的綜合體系的毀滅將最終成爲有利因素，儒學或許需要毀滅，爲的是再生，再生爲新的綜合體系，爲新時代服務一個多元主義的時代，它愈來愈淸醒地認識到東方和西方的文化遺產是全人類的遺產。

第三章　人之問題

一、概論

什麼是人本主義？基督教是否有人本主義？一個對基督教略有所知但又沒有注意近幾十年來基督教神學發展的亞洲人常會提出這樣的問題。人們大都同意，人本主義是一種態度，不論它是像柏拉圖和亞里士多德那樣體現爲一種系統性的哲學，還是像孔子、孟子的那樣表現爲一種「智慧」，這種態度強調人的主要關注是人自身，人的本性是向善，人的心智可以獲得眞理與智慧。通常的印象是基督教關心的是基督和神之類神聖的事物；即使也關心人，所關心的乃是作爲神創造的人，作爲罪人的、需要神的愛和拯救的人。神來到世間，道成肉身來拯救人，只有這樣人才是重要的。但對於一個受過教育又善於思索的亞洲人來說，似乎是他的傳統，尤其是儒家傳統才給予人和做人以重要的中心地位[1]。這樣

1　基督教和儒學人本主義問題，參唐君毅的《中國人文精神之發展》（香港，1958）。書中，作者將西方人本主義溯源到希臘、羅馬哲學。但是他提到在西方人本主義的發展，基督教宗教思想和俗世哲學思想的融合（參第69－70頁），並以討論宗教信仰的價值和中國文化的未來的問題結束全書（參第337－399頁），其間考慮到基督教和所有的中國傳統宗教，至於基督教人本主義，參 Roger L. Shinn, Man: *The New Humanism*（Philadelphia, 1968）；E. Fitzgerald 翻譯的 E. Schillebeeckx, *God and Man*（New York, 1969）。

的亞洲人如果能在西方文明中找到人本主義，那也是在希臘文化而不是在基督教文化、在十五世紀意大利的新希臘文藝復興而不是在繼之而來的宗教改革運動中有所發現，因爲後者以神的名義煽動起如此劇烈的宗教感情並導致了毀滅歐洲的宗教戰爭。今天，這樣的亞洲人會認爲，西方人本主義有兩大表現形式：一個是自由主義俗世的人本主義，它誕生於政治民主和自由競爭構成的所謂現代生活模式的社會裡；另一個是馬克思主義、俗世的人本主義，它以社會主義集體的新人名義宣揚激進的無神論。這兩種形式都從十八世紀的反教會啓蒙運動裡追溯它們的根源，而且都隨日益生長的俗世化傾向興盛發達起來。每一形式都以這樣或那樣的形式變成其信徒的新「宗教」，來強調人生的個人主義或集體主義的目標。

在注意觀察世界社會的人本主義的東亞人心目中，基督教似乎是以神爲中心而儒學則以人爲中心。在基督教經典裡，中心人物是神，它是創造者和拯救者。托馬斯·阿奎那（Thomas Aquinas）是以神和神的特徵開始他的神學的，然後才談到創世和人。當代科學大師卡爾·巴特（Kart Barth）雖然後來愈來愈多地談論「神的人性」[2]，早期也是先讚頌神的偉大和人的苦難。然而，就在那個時候，不少學者已經轉向了人。例如，反納粹的志士潘霍華（Dietrich

---

2 參 Bengt Hagglund, *History of Theology*, Gene J. Lund 的譯本（St. Louis, 1968），第397－404頁。

Bonhoeffer）把基督說成是「為他人的人」，並宣講無宗教的基督教。魯道夫·巴爾特曼(Rudolf Bultman)則聲稱人談論神不可能講出意義，因為神的現實性超出人的理解能力；人只能根據存在經驗談論自己[3]。田立克(Paul Tillich)也以檢查分解人的理性開始他的《系統神學》(Systematic Theology)，並由分析人的認知機制進而探索神啓示的意義之神學追求。第二次梵蒂岡會議也促進了神學的「人」的取向，它宣揚人的最高命運和播種在人心中的「神的種子」[4]。天主教徒卡爾·拉納（Kart Rahner）的超越神學和新教徒S.M.奧格登（S.M.Ogden）的過程神學同樣取「人類學的神學」方向，從人和人的自我理解為起點[5]。孔漢思最近一部書《基督教徒》亦是如此，書中直截了當地提出下面的問題：為什麼要做基督徒？為什麼不僅僅做個人？基督徒為人性增添了什麼？他的整部書就旨在回答這些問題。基督教神

3 參Bonhoeffer, *Letters and Papers from Prison*（London, 1967），第270－280頁；Bultman, *Faith and Understanding* (London, 1969)，第53－60頁。

4 參「Pastoral Constitution on the Church in the Modern World」收入Walter M.Abbott, S.J.編輯的 *The Documents of Vatican* Ⅱ（New York, 1966），第209－222頁。

5 參John C.Robertson, Jr.,“Rahner and Ogden：Man's Knowledge of God”, *Harvard Theological Review* 63(1970)，第377－407頁；Peter L.Berger, *A Rumor of Angels：Modern Society and the Rediscoery of the Supernatural* (New York, 1969)，第61－123頁。

學現已成爲「信仰的自省式的表達」[6]，它發現它的原始的、正確的位置是在人的存在方式之中，在人對自身的存在方式的自我理解之中。神的啓示與神並未被棄置一旁，但是，神的啓示隸屬於人的經驗範疇之內，它是人對神的存在的體驗，而且不僅是從歷史去體驗，還要從自身的存在，通過人與世界的相互作用來體驗。認識自我和認識神是不可分割的。

從這個意義上說，今天的基督教可算是人本主義。它提出了對人的基本見解，即基督徒生活在世界中，但又並不僅僅屬於這個世界，基督徒要透過愛神和服事人來表達自己的信仰，基督徒的自我理解就是對神的理解。

基督教神學的這類發展指向了與儒家人生觀、世界觀對話的趨勢。儒學深深植根於人和人對超越的嚮往之中。當談到人和人世時，儒學必然論及人的最終關注和神的超越者，因爲它認爲神存在於人和人所經驗的主觀世界之中，而人的經驗又和其他人的經驗相互聯繫。

本章將一如既往地從人開始，然後轉向人的自我超越問題。這是當代基督教神學的方法，又是儒家哲學一貫採用的方法。因而，經過數百年各自爲政的發展後，基督教與儒學終於在同一個方向，以同一見解合流了，即人道與天道在人身上匯合了。

---

6 參 Robertson, op.cit.第377頁。

二、儒者

什麼是人？人的價值何在？大概人類自存在起就有這樣的問題，並且是人提出這樣的問題。因爲人一向對自身感興趣，傾心於突破自身的局限和爭取偉大的潛在能力。人還爲人自身的問題所吸引，因爲這個問題永遠不會得到圓滿的回答。

《舊約》和《新約》都把人首先描繪爲神的創造和神的子女。人的存在價值在於人與神的關係，人是從神那裡獲得一切。因爲神的存在，所以人存在。人還可以變得像神一樣：Eritis sicut Deus (《創世記》3：5)——因爲人永遠具有神的形象(《創世記》1：27，5：1；《約翰福音》3：1－3)

加之，《聖經》通常把人看作是「完整的」人。人的「心靈」是理解、意志和感情的所在。人並非「擁有」靈魂和肉體，他就是靈魂和肉體，他和上帝連在一起，是歷史的主宰，是神契約的訂約人，同時，他又對家庭、部族以及其他關係的人們負有義務。即使是在保羅致羅馬人書信中，soma（肉體）和 pneuma（精神）這類詞彙亦常常用以替象徵完整的人的人體一部分（《羅馬人書》12：1；《哥林多前書》6：20，2：11，13：3，7：4，7：34）；完整的人乃是活生生的「我」，不是形上學的原則。

但人的概念有二元的意味，特別是在保羅書信的某些章節裡，罪的概念爲人帶來緊張對立的基調（《羅馬人書》7：15－25）。這些章節顯示了基督教和儒學人的觀念的重要區分。雖然儒學從未否認過人可以向善或趨惡，但這個注重爲善天性的傳統已將罪惡暗喩的二元性壓縮到最小程度。

儒家經典並不否認人是神的造物，是神之子。恰恰相反，有幾處明明白白地指出這一人神關係[7]。然而，儒家經典做出這樣的斷言不是乞靈於創世神話而是強調受之於天的普遍人性。「性」這個詞本身就包含了這個意義。「性」是由兩個部分組成的合成字，一部分是心，另一部分是生。文字學研究表明「性」的詞源和早期宗教崇拜有關，人的生命和內在秉賦天性都來自天。

人是透過區分自身與其它動物，並且與其他人認同，來獲得對自我的了解。人和所有的動物一樣，「饑而欲食，寒而欲暖，勞而欲息」（《荀子》非相）。荀子不僅這樣形容人，還補充說人性本惡，祇是人能夠壓抑自己的本性。因爲人和其它動物不同，他具有社會和道德行爲的特殊能力：「水火有氣而無生，草木有生而無知，禽獸有知而無義，人有氣、有生、有知，亦且有義，故最爲天下貴也」（《荀子》王制）。總之，做「人」就是獲得這一最完美的德行。正如《中庸》所說：「仁者人也」（《中庸》二十）。

儒家注重普遍人性，這就導致了另一種關注：人人生而平等。在基督徒眼中，這一教義直接源自人類的共同起源，即人人皆是神的創造和神的子女。而在儒家眼中，側重點則置於共同屬性、道德體性和區分善惡的能力，這一切都植根於共同心性的能力。儘管社會地位有高下之分，甚至有「華夏」、「夷狄」之分，但天生的平等依然存在。孔子曾說：

---

7 參《書經》和《詩經》。

「四海之內皆兄弟也」(《論語》顏淵);孟子亦說:「人皆可以爲堯舜」(《孟子》)。如果漢語裡指「野蠻人」的字常常有犬字或蟲字做偏旁兒，這體現出人對低於人類的動物的輕蔑，但是，毫無疑問「野蠻人」經文化同化亦可以變成完全意義的人。無論如何，就連有些聖王據說都是「野蠻人」之後。

這一章著重討論兩個問題:邪惡問題和聖賢問題。這兩個問題有內在的聯繫。人做惡的能力似乎和他超越自身成爲聖賢的能力是對立的，而對人性和人的命運的極端關注正揭示了一向蘊育在儒學中的超越性的一面，並對於理解儒學與基督教的異同有所幫助。

(一)邪惡問題

邪惡問題爲儒學與基督教交流提供了絕好機會。一直可追溯到孟子的傳統儒家思想往往確認人性善良的基本特徵，把惡解釋爲背離善良，違背本性。利瑪竇接受了這種看法，他在著名的教義問答《天主實義》裡，聲稱人性本質上是善的，雖然人性能善能惡，惡是由於慾望存在才產生的。但是，後來的教義問答強調邪惡源自原罪 sin，人們因此得到這樣的印象，孟子教導人性本善，而基督教教義卻教導人性本惡，所以有必要討論邪惡問題。

首先要聲明的是，此處討論的「惡」，不是指事物間的「不均衡」這種宇宙中存在的本體性缺陷，也不是指和人類的苦難相關的由生老病死引起的惡。惡是指人心中滋生的惡，即道德墮落在個人或集體中的體現。這樣惡通常爲無辜的受害者帶來深重的苦難和動亂。在此意義上，基督教形容惡的詞彙是罪惡（希臘文：amartia）。自從奧古斯丁（Augustine，公元354－430）的時代起，罪惡即用來指原罪——人類集體的不可避免的虧欠，也用來指個人的罪惡——每個人自己要負責的罪行。這樣的教義是以人的自由存在為前提的。漢語的「罪」字亦有雙重意義，既是罪行也是罪惡。因此產生的意義含混使得一些人做出錯誤的論斷，說中國人沒有將道德上罪惡感內在化的負疚取向的道德觀，中國人只有羞恥取向的道德觀，它是外在的、浮淺的，其基礎僅僅是人的尊嚴。

梁漱溟在他的名著《東西文化及其哲學》裡分辨了歐洲、印度和中國文化。歐洲文化初期是以宗教占統治地位，後來理性主義和科學興起而取代了宗教，現在是理性主義和科學君臨天下；印度文化一向是、現在也仍然是迷戀於宗教或來世；中國文化恰恰相反，它尤為重視人、人與自然之間的和諧關係，以至於幾乎排斥了神話（God－talk）[8]，這一典型的中國態度從善惡理論中表現出來。儒家的惡的理論，既不把惡歸屬於超人的原則亦不將惡驅入不眞實的現象世界，它和人性論是不可分割的。惡雖然存在，但惡不是人性中固有的，便是善良本性和邪惡環境接觸後的產物。我們知道這一區分見於荀子和孟子的學說。他們展開了中國哲學史上的大辯論，而爭辯的題目正是東西方相遇之處，因為這個題目包含著形上學的、倫理學的和心理學的意義。

---

8 參梁漱溟《東西文化及其哲學》（1922）。

根據基督教教義，罪惡的主要特徵是它的背叛——背叛神和神的誡律以及背叛自己的良心。這揭示了罪惡的雙重的私人性質，它是對神亦是對自我的異化。換句話說，人透過犯罪，向神宣戰——從神話上看，亞當和夏娃是人的代表；從存在上看，人有意識地並且是故意地親身犯下的每一個罪都是對神宣戰。罪惡意味著對抗狀態：人反對神，又反對自己的良心。可能產生這種狀態正是因爲存在於人的最基本的二重性，他既向善又向惡：「故此我所願意的善，我僅不做，我所不願意的惡，我倒去做」(《羅馬人書》7：20)。

儒家意識中是否有同樣的背叛意識？回答是肯定的。儒家典籍多次提到古代聖王向神祈禱，乞求神原宥他們的過失，而且常常自己承擔其治下的百姓罪惡。據記載，商代的開國之君湯（公元前1766年）曾這樣說：「朕躬有罪，無以萬方；萬方有罪，罪在朕躬」（《論語》堯曰）。《書經》對湯王的心理有更明確的揭示：

> 爾有善，朕弗敢蔽。罪當朕躬，弗敢自赦，惟簡在上帝之心，其爾萬方有罪，在予一人，予一人有罪，無以爾萬方。（《書經》卷三·二）

其它典籍也記載了湯王剪下頭髮，割破手指作爲向上帝贖罪的犧牲，乞求上帝赦免他的罪惡，解除因其罪惡而生的旱災[9]。

9　參《呂氏春秋》卷9；《論衡》卷5；《墨子》兼愛下。湯王的祝禱和《書經》中記載的周公的禱詞是古代中國贖罪禱告的有文字記載的、僅有的兩個例子。

然而儒家哲學要闡發的，並非什麼罪惡觸犯了神的理論，而要發展道德犯罪和罪與人性之間的關係理論。這一理論產生於聖王時代以後即孔子所處的時代。它提供了和基督教關於人墮落到罪與惡中教義相比較的機會。不言而喻，在東方和西方，爭論的不僅是一般的人性，而是假定的或是經驗的人性若干「狀態」。例如，人被逐出伊甸園的神話和由此衍生的罪惡神學，它們暗喻人生有「三個階段」：「完整」狀態，如亞當墮落前所處的人性狀態；「墮落」狀態，即亞當遺留的不幸後果；「救贖」狀態，透過基督的仁愛人得以完全的狀態。但在孟子和荀子的心目中，人性由「原始」人性，即人出生時的狀態，以及「存在」人性，即人在社會和文化中發現的自我這兩個階段構成。孟子認爲，人性本善，惡隨惡習的形成而生；荀子則認爲人性本惡，正因爲人反叛本性的意志力量和教育的影響，人才變得善良了。

在儒家中國，孟子的理論注定要獲勝，雖然勝利姍姍來遲——直到九世紀以後新儒學興起。我們可以說東西方在接受人性「本善」的說法上走上同一條道路，只不過孟子在未受社會文化污染的赤子身上看到人的善良本性，而基督教則將性善歸於墮落前的亞當。今天大陸學者往往讚同荀子見解，強調正確的教育和法律的約束力對人性的重要作用。從某種意義上說，這種更爲關注人固有的二重性的態度，與其說是東方思想，不如說是典型的西方思想。

卡爾·拉納在探討「慾念的神學概念」時指出，慾念的「自然」特徵基本上是與人性俱生的，即使是在人性的「純潔」狀態亦有慾念存在。從存在主義觀念出發，人是「透過自由意志變爲罪人」，人性是「在犯罪之前就完全有的」，拉納把「神學」慾念描繪成「人」與「自然」間的對立和二元化：

> 在人身上有許多東西，它們在具體事實中對於人的存在的決定來說始終表現爲不具人格，不可測知並且是奧秘隱晦的；人僅僅忍受而不能自由地按它們的行動。這就是人與自然的二元對立……我們稱之爲神學意義的慾念。儘管它確確實實在精神和情感的二元對立中發現它的具體的、經驗的體現，但它並不等於後者。[10]

不能把這樣的慾念定性爲「道德邪惡」，因爲它存在於自由意志之前。但是，拉納深知，《羅馬人書》第六至八章裡，「慾」被界定爲「罪」。於是，他爭辯道：在一種意義上，慾念可以叫作「惡」，即：只要慾以其具體的形式因了「第一個人的墮落」成爲人自身經驗的矛盾存在於人，保羅、奧古斯丁、經院哲學派大師、宗教改革家以及巴斯卡（Pascal）都這麼認爲。在這種情形中，慾念不是「純潔人性」的「慾」，而是「墮落人性」的「慾」。拉納還區分開什麼是伊甸園裡亞當的「誠實」，和什麼是完美的基督徒重獲的「清白」：

10　參 Karl Rahner，" The Theological Concept of Concupiscentia "，*Theological Investigations*，C.Ernst，trans.（Baltimore，1960），第一卷第369頁。

於亞當，人的自由……使得他可以竭盡全力向善的或惡的方向發展其本性。(基督教)聖徒的自由是一個成功地將全部身心毫無保留地奉獻給神的人之自由。[11]

衆所周知，孟子和荀子之後，儒家學者力圖調和兩家之言，他們主張雖然人性具有善端，但並非眞正的、完全的善，尙需教育的、改造人的影響力量。一種努力是把陰陽理論和儒家倫理學融合起來，以人性配陽（主動的宇宙原則），以情感配陰（被動的宇宙原則），使性成爲善源，情成爲惡端。這種分類看上去很武斷，但是道德家很少對情有好感，就連阿奎那雖說他認爲情不涉道德，但也傾向於鄙視情[12]。

隨著新儒學興起，人的哲學理論和道德邪惡問題的哲學理論亦應運而生。儒學的這一後期發展融合了部分佛學思想，以便反對佛教的主宰和佛教對人的社會職責的忽視。復歸孔孟的口號主要呈現了倫理意義，而對惡的新解釋則鮮明體現了形上學的特色。

在這一新形上學裡，人代表了宇宙的巔峰，參與了盡善

---

11 同上註，第374頁。儘管儒學正統裡沒有「最初的墮落」之說，但通俗佛教則傾向於認爲人最初是善良的，後來因歷史變遷人墮落了。與之相關的概念是 Kalpa（塵世）。儒家思想中那些古代聖賢和後世的道德沒落的說法亦暗示墮落的概念。

12 參 Thomas Aquinas, *Summa Theologica*。阿奎那認爲情是感官慾望，屬於靈魂的非理性部分，而人的主要特徵是理智。

盡美的萬物之源和萬物準則的太極；並透過陰陽五行的相互作用而獲得人性。人性最初是善良的，或「眞誠的」，因與外部事物接觸提供了產生惡的機會，而惡是對善的偏離而不是肯定的存在。這是因爲人性的二重性：神聖的、「本質的」人性是善的，而物質的、「存在的」人性則可善可惡，要視賦予性的氣的質量而定[13]。究竟「本質的」人性起於何處？「氣」字的準確含義爲何——氣的聚集產生萬物，其中包括人？這兩個問題仍有待爭論。但是「本質的」和「存在的」人性之分，標誌著中國哲學人類學的一個重大進步；它揚棄了早先的、不確定的、出生時的人性和後期的人性之分，因爲要判斷嬰兒本性的善惡是不可能的。後人常常引徵《孟子》說人看見兒童落井的自發反應，其實這只能是一個有教養的人的自然反應的例子，而不會是未經文飾的人性的反應。在這方面，田立克對最初墮落的解釋與儒家區分「基本」或本質人性與後來的存在狀態最爲接近。田立克否定對伊甸園的故事所做的字面意義的解釋，把「實現的創世」和「異化的存在」等同起來。惡的狀態就代表了從「本質」向「存在」的轉化：

> 神創造的每一事物都參與了從本質向存在的轉化。神創造了新出生的嬰兒；然而，一旦被創造，嬰兒便陷入存在異化的狀態……當嬰兒長大成人，又以其孕育著責任和罪過的自由行動證實了異化的狀態。創造在

13　參張載《西銘》與《正蒙》。

本質意義上講是好的。如果創造實現，它便經自由與命運落入普遍的異化之中。[14]

新儒學哲學家卻並不試圖去解釋爲什麼有的人秉賦純潔，有的則污濁。這樣的清濁之分是天經地義的。無論如何，這區分是本體的而不是道德的。只有當人性從靜止轉入活躍，當情感被激活或煽起時，即哲學所謂當採取自由意志的行動時，道德才進入畫面。基於這一理解，當代把人的二重性解釋爲惡的機會就與儒家見解完全相似了。

我們說人是會犯錯的，即是說一個與自身不能協合的人所特有的局限，也即是罪惡得以產生的原始弱點。[15]

值得注意的是，猶太哲學家、神學家馬丁·布伯（Martin Buber）曾評論說，中國人對「原始人」的「懷舊之情」是西方心態所不容的觀念。他認爲：

〔中國人〕對原始人的信任是西方人所沒有的，而且也不會有的。就連基督教也不能改變這一點，雖然基督教事實上向西方輸送了東方人關於人類原始的天堂狀態的學說。至於有關第一個人的傳說之聖經故事，但只有墮落生動地存在於西方基督徒個人生活的現實中，墮落前的生活已不復存在了。[16]

---

14 參 Paul Tillich, *Systematic Theology*（London, 1957），第二卷第40－42頁。

15 參 Paul Ricoeur, *Human Fallibility* (Chicagoe.1965)，第224頁。

16 參 Martin Buber, " China and Us " (1928), *A Believing Humanism*（New York, 1967），第189頁。

布伯認爲中國人的信仰多少有些極端超自然主義(！)，與之相比，西方意識只知道墮落狀態，即二元對立與分裂的狀態。

㈡自我超越問題

因爲有自我超越問題，邪惡問題才變得愈爲重要。承認道德邪惡和人孰能無過，是超越自我願望和產生決心的先決條件。人性既是先天的，亦是後天形成的，所以我們可在歷史條件的限制中決定自己。

對於基督徒來說，自我超越從本質上意味著像神那樣，即變爲神聖（hagios），這是一個希臘字，有宗教崇拜和倫理道德的含義。「神聖」自然是指神。在《舊約》裡，他是以色列的神，他以超越的化身在聖廟的祭祀處向先知以賽亞現身（《以賽亞書》10：20）。在《新約》裡，耶穌基督以神的神聖僕人身份出現（《啓示錄》4：27－30），他的成聖乃是要讓門徒成聖（《約翰福音》17：19）。基督徒將耶穌基督尊爲效依的典範，所以基督徒的生活一向被稱爲跟隨基督。

與英文的Holy對等的中文是「聖」字。考古學與神話學的研究揭示中國古代聖人可能是通神的。《書經》裡出現過聖字，用來描述傳說中聖王賢相、統治者和孝子的舜。《書經》賦予舜的特質正好是自然性質。舜的德行出自「自然」。另外一個而且是更常用的修飾語是「通」字。據《說文解》解釋，聖人是無所不通的、大智大慧的人，其它漢代典籍亦有相似的說法。《白虎通》（公元80年）這樣描寫聖人：「聖者通也，道也。道無所不通，明無所不照。聞聲知情，與天地合德，日月合明，四時合序，鬼神合吉兇」[17]。祝禱禮儀記載也證實「通」的概念。《大戴》這樣界定聖人：「所謂聖人者，知通乎大道應變不窮，能測萬物之性情者也」[18]。正統的《禮記》又加上賦予生命一說，因而聖人又能「發育萬物」[19]。

那些偉大的聖人是如何看待上述這個問題的呢？孔子怎樣論聖人？孔子之後的孟子又說了些什麼？

我們發現孔子的《論語》中，論及聖人之處寥寥可數，並確實感受到編撰者對這一問題的保留態度。孔子自認不配聖人的稱謂，他滿足於做聖人之道的傳述者。而聖人之道屬於三種人：王、相或隱逸，後者指那些爲了高尙理由而不是爲了逃避社會責任挑選隱居的人。孔子自稱是聖人的景仰者和追隨者，他是「學生」，是嚮往聖賢並身體力行以成聖成賢的人[20]。

孔子更多是以沈默而不是用語言來表達對聖賢的景仰。他的謙恭部分是源自他對聖賢的尊重。他說：「聖人，吾不得而見之矣；得見君子者斯可矣！善人，吾不得而見之矣；

---

17 參班固《白虎通義》（台北，1968），第276－281頁。關於「聖」字的其他意義，參看秦家懿與孔漢思合撰的《中國宗教與西方神學》（台北，1989）：第一章。

18 參《大戴禮記》「哀公問五義」。

19 參《中庸》；《禮記》。

20 參《論語》「述而」。

得見有恆者斯可矣！」（《論語》述而）。從而，爲聖賢是天生的，還是靠人努力和學習得之的問題留出爭論餘地。

《孟子》裡「聖」字較爲頻繁出現。這裡，聖人是完美體現了主宰人倫關係的美德的人。孟子和孔子一樣也例舉聖王堯、舜、賢相周公以及伯夷、柳下惠等逸民作爲典範（伯夷和柳下惠這樣逸民即使在退隱時亦表現出政治上的忠誠）。孟子認爲聖人是老師，如果不是言傳也肯定以身作則。普通人用教育影響有限的人，而聖人則是「萬世之師」[21]。孟子在聖人問題上引入了一個值得爭論的方向：聖人要辟邪說，如楊朱、墨翟一類的邪說。孟子就此表明：「我欲正人心，息邪說，距彼行，放淫辭……」(《孟子》滕文公·好辯章)。在一段直接講述聖賢的含義的話裡，孟子提出聖賢是人心嚮往的共同目標，正如「口之於味也，有同嗜焉。耳之於聲也，有同聽焉。目之於色也，有同美焉。」人心亦有所同，有它們共同讚賞的，即人性的道德準則，而「聖人先得我心之所同然耳。」(《孟子》告子·富歲章)。

孔子不肯稱自己是聖人，而後人卻沒有孔子的顧忌。他們毫不踟躕地認定孔子是聖人，而且是聖人的典範。《中庸》已經暗中提出這一觀點，它把孔子形容成以堯舜爲自己「精神上」的祖先，他以文王武王爲楷模，亦像他們那樣生活：

仲尼祖述堯，憲章文武，上律天時，下襲水土。辟如

21　參《孟子》《盡心·聖人章》。

天地之無不持載，無不覆幬，辟如四時之錯行，如日月之代明。（《中庸》第三十章）

它的語言如《白虎通》、《易傳》都是玄秘深奧的。

孔子關於聖人的學說；孟子和荀子關於自我超越的能力問題的一致意見，不論是由天賦還是由可塑性教育的影響成聖成賢，都沒有使聖人比比皆是。後來的思想家又聲稱經典中的段落很可能另有它義。聖人是天生的還是後天修養的？如果聖人是天生的，豈非成了超人了嗎？他們是否有「情」？[22] 如果聖人是自我修養成的，爲什麼會寥如晨星？爲什麼聖人只有遠古時代才有？這些問題困擾著許多思想家。有些人甚至偏向於把聖人的概念拔高成新道家的、不具人格的理想，是人的努力永遠不可企及的。這樣的探討和佛家關於處處有佛性和處處可成佛的爭論有異曲同工之妙[23]。「人的宿命」論一般在貴族政治氣息濃厚時代和在等級制社會裡尤爲盛行，如魏晉時代（公元220－420），人性的「等級理論」和「九等制」的選官方式同聲應和，而「九等制」選官又把優先權給予閥閱世家。道生（卒於434年）關於所有黎民百姓都有佛性和「頓悟」可能性的說法是佛教的反應，先是和韓愈(768－824)，後是和程頤(1033－1108)、朱熹(1130－1200)相關聯的新儒學運動亦聲明贊同人人皆可成聖賢，並稱之爲復歸孔孟之道。

---

22 參馮友蘭《中國哲學史》的有關章節。

23 同上。

然而，只是宣稱人天然享有超越自身的願望並且可以實現這一願望是不夠的，還必須指明實現這一願望的方法。因爲沒有實踐，理論能否經受檢驗就沒有保障；而未經檢驗的理論是軟弱的空想，更確切地說是一個因挫折可以毀掉人而不能實現的願望。

當然，自我超越可能性的更好證明，是那些在自我超越實踐中成功者的榜樣。佛教可以舉出佛和菩薩，儒學則有它的傳說中和歷史上的聖人，而基督教也有它自己的聖徒和聖潔的男男女女。基督教的聖徒典範是基督。儒學的聖人典範則是孔子，這是以世世代代的弟子門徒和崇拜者的判斷爲依據的。基督和孔子都是歷史人物，他們都爲同時代的追隨者和後世的崇拜者樹立了效仿的榜樣，和孔子相比，基督是更有意識地這樣做的。

下面將討論典範問題以及個人效仿耶穌或聖人典範的問題。之後，主要透過描述兩個典範——耶穌基督與孔子，來剖析儒家倫理和儒家社團等嚴格意義上的倫理學問題。

1.典範問題

> 我就是道路、眞理、生命。（《約翰福音》14：6）
>
> 吾，十五而志於學；三十而立；四十而不惑；五十而知天命；六十而耳順；七十而從心所欲不逾矩。（《論語》爲政）

孔子與耶穌，一個在東方，另一個在西方，兩個人千百年來都是後世楷模。他們是否意識到各自生活的規範性特點？他們對自己的追隨者有什麼特殊的要求？他們的教誨在其身後又遭際如何？我們在今天，又能汲取什麼教訓？

如今人們談起耶穌基督，把他特別說成是「為他人」的人[24]。基督道成肉身、教誡人們和為人受難都是出於救贖世人這個「充足原因」。並且成為讓基督徒效仿的榜樣——作為拯救和成聖的「典範事業」。正如福音書告誡我們的那樣，基督吸引了一群追隨者（《馬太福音》4：19，《馬可福音》2：14；《路加福音》5：11；《約翰福音》1：43）。他們對基督的追隨要求他們做出任何犧牲，以第一批使徒為例，他們能放棄自己的漁船、財產和漁人的身份。基督還對那富有的、表示願意追隨他的少年說，他必須變賣所有財產，分給窮人，然後再來追隨基督（《馬太福音》19：21）。對另外一個人，也是一個可能的追隨者，基督甚至不許他辭別家人或是埋葬父親（《路加福音》9：59－62）：追隨基督就是這麼富有緊迫感！他還要求追隨者捨己，並背起十字架（《馬太福音》10：38，16：24）。《約翰福音》（10：4－5）將追隨基督比做羊跟從好牧人。《啓示錄》（14：4）則描繪「童身」跟隨羔羊，無論它走到哪裡去。

在福音書裡，基督始終沒有系統地闡述他對追隨者的要求。在登山寶訓裡（《馬太福音》5－7；《路加福音》6：20－49）他描述了門徒的基本要求，先從福開始，談到窮人，以及受難者進入天國的許諾，然後告誡門徒力行完美：「所以你們要完全像你們的天父完全一樣」（《馬太福音》

24 特別參考 Dietrich Bonhoeffer, The Cost of Discipleship, R.H.Fuller 英譯本（London, 1948），第一章。

5：48）。

這種完全的意義是什麼？雖然基督奉行的是節制而不偏激，並且享受這個世界上美好的東西，但他卻必要在十字架上結束自己的生命：「爲朋友捨命，人的愛心沒有比這個大的」（《約翰福音》15：13）。

孔子則愛德行勝於財富和榮譽。他拒絕爲個人利益出賣原則，他尋求個人升遷僅僅是爲了在社會和政治生活裡實現原則。由於意識到受命於天拯救道德與社會秩序的宗教使命，孔子促使生活超越了實行仁、和效仿古代聖人的層面。他是個好師長，宣講的是治癒人而使人完美的道理。他的生活和教誨具有宗教效用，但他並不像基督那樣認爲自己是宗教救世主。他不會讓自己的兄弟爲了與神和解而獻出自己的生命。

孔子也能做極端的事，他在齊國聞韶樂竟樂得三月不知肉味（《論語》述而），但通常是個執中允正的人。他和基督一樣喜歡這個世界上的美好事物，喜愛精心烹調的食品和美酒。他也和基督一樣宣揚互惠互利的人際關係，而互惠互利的基礎是平衡，是適度；尤其是用否定的語言來表達時愈爲明顯：「己所不欲，勿施於人」（《論語》衛靈公）。

但孔子畢竟和基督不同，他從未對自己或弟子提出過激要求，他並不認爲門生追隨師長是以放棄家庭生活和世俗財產或「背起十字架」爲條件的，就連那些跟隨他周遊列國的弟子都偶爾可以與妻子家人團聚。

誠然，孔子讚許的「狂狷」，似乎是受不安定的動力驅策並不計後果「進取」善道的人，不屑於「小心狷介」的人，即僅僅「有所不爲」的人[25]。但是孔子並不認爲「狂狷」是完美，他的理想人物始終是中行之士。

由此可見基督和孔子之間有同有異。基督說自己是道路、眞理和生命，孔子卻從未類似的自稱。前面所引《論語》中的語錄，是孔子的自我暴露——是他自我評價的揭示，它的節奏是漸進的增長，同時又有突發的自我發現的瞬間。孔子是謙謙君子。雖然他向弟子門生提出了道德完善的崇高理想，一如基督所做的那樣，但他從未有意識地樹立自己作爲弟子們的楷模。他更願意引徵他自己效仿的古代聖王賢相榜樣；還有天，他們的沈默的身教對那些有赤子之心和眞誠意願的人具有啓示作用。他這樣談論自己：「若聖與仁，則吾豈敢，抑爲之不厭，誨人不倦，則可謂云爾已矣。」（《論語》述而）。

孔子的子弟立即發現了孔子這種誨人不倦的精神。如果沒有這種精神就不成其爲聖人。對於弟子，對於後人一樣，夫子就是典範；於是他的弟子這樣回答說：「正唯弟子不能學也」（《論語》述而）。

2.殉道說

可以理解，基督的教誡強調信徒要委身追隨基督，甚至面對受難和犧牲，就像最早見證基督的殉道者。但這並非福音書的必然結論。嚴格地說，「殉教」一詞（希臘文爲mapivs，意爲作證）在《新約》裡指的是以講道作證而不

25　參《論語》《子路》。

是指爲信仰獻身。稍後，這個詞漸漸獲得爲宗教受難的特殊意義。因爲自願獻出生命是爲基督眞實許諾的有力見證，同時又反映了殉道者的犧牲性質。早期基督教對基督之重歸的期待亦鼓勵了殉教的渴望，因爲它否認今生的重要。一位早期殉教者安提阿的依納爵（Ignatius of Antioch），在爲殉教做準備時表達了下面的情感：

> 即使讓我統治整個大地，我還是寧願爲耶穌基督而死。我尋找他，他爲我們而死；我需要他，他爲我們復活。走來的是我的新生……讓我接受那純潔的光。當我到達彼處時，我將成爲人。[26]

宗教迫害的時代過去了，殉教成爲罕見之事，並由隱遁和修道院生活取代；後者引申來看亦有殉教特點，尤其是修道院生活中「禁慾主義」或精神完美的說法逐漸衍生。「禁慾」（希臘文是askeo）一詞本身就暗喻需要修煉，需要付出努力，要盡力與自己的邪惡慾望作鬥爭。基督教的完善努力可以說是與自己作戰。這裡有隱含的二元傾向：人爲了順服神必須征服自己。

蒂爾利齊·龐荷弗的詩〈我是誰？〉對人的內心爭戰作了最好描述。這位政治犯知道在別人眼中他總是那麼冷靜，那麼從容不迫，是人面前的巨人，但也深知他在神面前，不

26　見 Ignatius of Antioch《致羅馬人書》，參 Louis Bouyer，*La Spiritualité du Nouveau Testament et des pères*（Histoire de la Spiritualité chretienne，vol.1），（Paris，1946），第247頁。

過是個孩子，他意識到內心正在進行的矛盾衝突。他這樣寫道：

我是誰？這一個還是那一個？
今天我是一個人，明天又變成另一個？
抑或我同時兼爲二人？他人面前的僞君子，自己面前卻是個哭鼻子的卑鄙懦夫？
或許我心中有什麼東西，仍像敗落的軍隊
潰不成軍，從已取得的勝利逃竄？
我是誰？它們嘲笑我，我的這些孤寂的問題，
不管是誰，你都知道，啊上帝，我屬於你！[27]

儒學亦有殉道說。《論語》衛靈公記載孔子作如是說：「志士仁人，無求生以害仁；有殺身以成仁。」孟子亦說：「生，亦我所欲也，義，亦我所欲也。二者不可行兼，舍生而取義者也」（《孟子》魚我章）。中國歷史上有許多仁人志士不肯放棄良心而苟且偷生。民族英雄文天祥死於元入侵者手中，他以絕筆繫於衣帶間，其詞云：「孔曰成仁，孟云取義……而今而後，庶幾無愧」[28]。

儒學鼓勵效仿聖賢追求德行，不少聖人和賢人因其道德信念而飽嘗貧困之苦，甚至犧牲生命。然而，儒學並不倡導殉道的渴求，這是因爲儒學沒有一個發達的末世學。孔子及其弟子都曾參與祭祀祖先和其它的宗教儀式，雖然並未公開

---

27 參G.Leibholz, *The Cost of Discipleship*，第15－16頁。

28 見《文山先生全集》（商務印書館，1939），第十九卷第685頁。

言明，但也表明對死後身世的信仰。但他們沒有早期基督徒所懷的對耶穌再來（parousia）的企望。儒家更主張在今生今世修身成聖，並不專注於未來，並不退出社會活動，推卸社會責任。由於這個原因，儒學從未衍生出僧侶生活，並反對佛教的寺院制度，認爲那是否定人的價值，是自私的顯相。按儒家學說，修身本身並不是目的，乃是爲他人服務的基礎——在家庭裡、在國家中、在全天下，人都要爲他人；儒家是爲他人的人，即使是在努力成聖時，亦是爲他人的人。

沒有寺院生活，儒學是否發展了禁慾和神秘的傳統？是否有自我征服的思想？是否禱告？是否有贖罪苦行之說？回答仍是肯定的。孔子的心愛門徒顏淵問仁時，孔子回答說：「克己復禮爲仁。」接著，孔子又詳細地說明了克制自己的「步驟方法」：「非禮勿視，非禮勿聽，非禮勿言，非禮勿動」（《論語》顏淵）。

這個回答很難稱得上是「方法」，方法應當是循序漸進地導向自我征服與自我完善。但它的確是對努力奮鬥求仁成聖的明確陳述。後來的儒家，特別是宋代的儒家對這一說法十分認眞——有時過分認眞了，以至於儒學漸漸被人誤解爲僅僅是禁止什麼、倡導什麼的實用道德說教。

孔子是否像基督那樣強烈地感受到人的二重性，感受到要克服自我異化？

不。儒家的學說和基督教的相比，「二元論」的成份更少一些。雖然荀子主張人性本惡，但他肯定經教育人性向善的可能性，他的後繼者亦這樣主張。隨著孟子的人性本善說漸漸占上風並最終獲取主導地位，儒家逐漸發展成天人和諧而不是對立的觀點。一方面，倡導修養工夫；另一方面，又斷定成聖的目標在修身過程的彼端，不鼓勵激烈的自我鬥爭。大儒們，特別是王陽明，這樣教導說，人的天性中即有聖賢的種子，要成聖只需喚醒它，讓它紮根結實[29]。

當然，儒家亦會經歷內心衝突。有史以來，從某種意義上講或許今天尤甚於以往，人總免不了因義務職責的衝突飽嘗其苦。人可以總是做到忠孝兩全嗎？爲國效力時，人必得忘卻父母嗎？人是否應當向政府告發父母的過錯罪行？妻子對父母和國家的義務是否大於對丈夫的義務？這些都是困擾儒家良心的一部分問題。

那儒家的良心又意味著什麼？它是辨別是非的能力，還是超越了這一能力？它是否把意願看得比認識更爲重要？惡是否由無知引致而並非道德欠缺？這些問題都有待詳細探討。

三、儒家的良心

「良心」（英文：conscience；拉丁文：conscientia；希臘文：syneidesis）一詞據斯多葛派學者解釋，指的是知道什麼是善和人與善的關係。奧維德（Ovid）把良心稱爲神在人間（deus in nobis）；塞涅卡（Seneca）則稱它爲居於我們內心的神的靈魂，我們的善舉惡行的守望者。舊的《智慧書》中，syneidesis 含有貶義，是「惡」心，而「善」的良心是精神、靈魂和心，它內在地告誡人向神求助，只有神

29 參 Julia Ching, *To Acquire Wisdom*，第二章。

才能主宰約束。《新約》裡，良心又恢復了褒義，良心因信仰基督而尤其變得高尚。它被說成是精神意向，是行動的推力亦是行動本身[30]。

儒家學說自始至終承認人具有內在的道德分辨能力，即良心。孟子認為人都有「羞惡之心」（《孟子》公孫丑·不忍章）。正是良心使人有別於禽獸，正是良心賦予人人「自然」的平等。孟子還談到人不慮而知、不學而能的良知良能（《孟子》盡心·人之章)。哲學家王陽明(1472－1529)更以良知作為其整個哲學體系的基礎，它屬於形上學亦屬於倫理學。王陽明所謂的良知是指辨別是非善惡的能力，也指在具體情況下運用這一分辨能力。但是，良心並不單指人的道德感和直覺，它也是道德功能的基礎和人類存在的基礎[31]。

儒家良心說與基督教的不同之處主要在於基督教強調神，神成為道德法則的制定者和人的良心的裁判者。而儒家的學說暗示良心是天賦，它與生俱來。儒家哲學避免論述神作為法的最高制定者和最高裁判者的作用，它更傾向於分析良心的意義。

有意義的是儒家學說和傳統的天主教自然道德法則——

---

30 良心問題參 Bernard Haring, Das Gesetz Christi；英譯本見 Edwin G. Kaiser, *The Law of Christ*（Paramus, 1962），第一卷第135－143頁；*Neues Glaubensbuch*，第473－476頁。

31 參秦家懿《王陽明》（台北，1988）第四～五章；Cheng Chung－ying, " Conscience, Mind and Individual in Chinese Philosophy ", *Journal of Chinese Philosophy 2*（1974），第6－25頁。

即建立在人性本身之上而寫在人心中的法則更爲接近[32]。通常比較法律專家的意見多是否定的。他們用儒家對法的蔑視來證明法只有處罰的性質。不錯，儒家傳統更重視統治者的道德人格而不很重視治國的法。但這並不意味著儒家哲學不贊成這樣明顯的可說是自然的法則，即人好像是通過道德直覺而知道趨善避惡，即使這一直覺並未教會他什麼是善什麼是惡。然而，儒家傳統沒有把人的這一基本分辨能力、人超越自我的基礎叫作法。儒家意識裡法永遠是從外部強加於人的，而孟子一派認爲人向善的能力是天賦，雖說仍需要教育和修養。因此，儒學的良心理論偏重於道德法的內在性，而又不否認其超越性的可行性。借用日本佛教的救世學術語，我們可以說在良心問題上，天主教和儒家理論相似，更傾向於「自力」；而新教神學偏重《聖經》規定的法，堅持信仰和全面依靠神的力量（他力）。

㈠「人心」

良心是人的道德功能，但又不僅限於此，它還指向一個更深層的現實——道德功能的所在，靈魂的最深處，靈魂的頂點，人與神相會之處，人的自由與人的責任的源泉和原則。

從《舊約》可以發現神並不看重我們的外在行爲，更重

---

32 自然法則問題參 Bernard Haring，*The Law of Christ*，第一卷第238－250頁；N.H.Soe，“Natural Law and Social Ethics”，John Bennet 主編，*Christian Social Ethics in a Changing World*（New York，1966），第289－291頁。

視我們的「內心」。神反復強調：「我要使他們有合一的心，也要將新靈魂放在他們裡面」（《以西結書》11：19）。在登山寶訓語，基督亦強調正確意向之重要：「清心的人有福了」（《馬太福音》5：8）。聖保羅講到「心裡的割禮」（《羅馬人書》2：5，29）。「你當以耶穌的心爲心」（《腓立比書》2：5）。悔過、回歸神即爲換心：metanoia[33]。

中文的心字源自火的圖象，意爲意圖、情感，亦指認知和判斷的活動。是心分辨是非並指導行動與判斷的一致。新儒學哲學家主張心控制性與情。心也是人與天相交的地方。「盡其心者，知其性也；知其性，則知天矣」（《孟子》盡心·盡心章）。王陽明亦說：

心即道，道即天，知心即知道知天。

心是天「與我者」（《孟子》告子·鈞是章）。心又將我們引向天。它代表了天人合一的象徵與現實。和基督教相比，儒學更明確地指出不同層次的良心連貫，良心是道德功能，但良心又是道德功能的基礎，是心的繼續。

心也是人與自身合一的原因。儒家的人不是二元對立的人，不是和自我作戰的人。儒家的人知道自己在內心深處是一個人。他力求自己的心，力爭忠於自己的心。「求則得之，舍則失之。是求有益於得也；求在我者也」（《孟子》盡心·求得章）。

33　同上註，第206－209頁。

儒家尊「天」爲生命和仁的賜予者，人從天那裡接受了一切，包括感官和人心。儒家珍惜天的賜予並力圖充分發展的賜予。然而，儒家很少去思索什麼是精神不朽；沈思於這樣的思辯更是希臘式的而不是猶太式。

至於「魂」和「魄」皆不如心那麼重要。《四書》裡找不到談魂魄之處。儒家典籍之一《左傳》中，「魂」指所有的意識活動，「魄」則指形體。這兩表意符號的共同成份最初是個戴著面具的人：在儀式中，「扮演人」戴有面具，死者的靈魂就附身其間。這兩個字和祭奠死者的宗教儀式有關係。一般人相信，魂是靈魂的精者，升上天；而魄是靈魂的粗者，入於地。隨著儒家形上學的衍變，魂與氣相關，而魄附著肉體。《禮記》這樣寫道：「魂氣歸於天，形魄歸於地。」

人們常說有感覺的靈魂最終變成地的一部分。那麼，精神性的靈魂又怎樣呢？它的最後命運不甚了了。讀王充的《論衡》時發現作者對人死後鬼魂存在論點持反駁意見，說明在這個問題上有不同見解。孔子本人便拒絕談鬼神。隨著佛教傳入中國和繼之而來的佛道兩家大辯論，靈魂問題才變爲重要問題。有意思的是，道家特別指出儒家的聖人，包括孔子在內都變爲不朽，而佛教則否認人永生不朽的可能性。

總的來說，儒家的立場如下：尊敬死者的悠久習俗，經典中有關聖王與上帝或天的親密關係，都指向早期對某種形式的人之永生的信仰。孔子本人雖然積極參與祭奠死者的儀式，但對永生問題卻沈默不語。《左傳》裡講到死後存在形式的地方雖然很有趣，但它依然強調立德、立功、立言的永垂不朽。

㈡普世的德行

儒家的人不是分裂的，他在生活中、在內心裡都是一個整體。他只需要實踐一種德行，一種使他成爲完全的、完美的人的德行，一種包容所有德行的德行，那就是仁這種普世的德行。

儒家的仁和基督教的愛心（agape）美德有某些相同。Agape 可譯成仁心、仁慈和愛。神對人的愛在基督身上得以顯示[34]，這種愛是基督教愛心說的存在原因。反之，儒家的仁的思想並沒有明白指出天對人的愛是仁的根源和效仿的模範。據儒家經典記載，天是生命的源泉，它庇護人並滿足人的需要。但是仁卻更以人性爲根基，即人可以施行仁。除非人爲仁，否則他便不成其爲人了。

愛心是普世的德行，是「聯絡全德的」（《歌羅西書》3：14），是給予有德行的一生以溫暖、價值和堅定的內在原則。仁亦如此。孔子以前，仁被視爲貴族的德行，是尊者對卑者的慈愛。但孔子的學說使仁成爲普世的德行，人人都可以施予的德行[35]。

---

34 關於基督教仁愛說參 R Schnackenburg, *The Moral Teaching of the New Testament*（Freiburg, 1965），第三章。

35 參陳榮捷（Wing－tsit Chan）" Chinese and Western Interpreation of Jen（humanity）" *Journal of Chinese Philosophy* 2（1975），第107－109頁。

仁的意義是什麼？人們多次問孔子這個問題。每次孔子的回答都略有不同。對弟子樊遲，孔子說仁爲「愛人」（《論語》顏淵）。對顏淵，他則說仁爲「克己復禮」（《論語》顏淵）。對另外一個弟子，他卻提出了儒家的金科玉律「己所不欲，勿施於人」（《論語》顏淵；衛靈公）。

仁是完美的德行。仁人已然是完人聖人。所以孔子論仁時總是有些小心翼翼，他說：

> 我未見好仁者、惡不仁者：好仁者，無以尚之；惡不仁者，其爲仁矣，不使不仁者加乎其身。有能一日用其力於仁矣乎？我未見力不足者！蓋有之矣，我未見之也。（《論語》里仁）

孔子認爲，仁先於一切：「君子無終食之間違仁」（《論語》里仁）。「仁者，先難而後獲，可謂仁矣」（《論語》雍也）。人還可能要「殺身以成仁」（《論語》衛靈公）。然而，仁不是遙遠的、不可及的，而是「我欲仁，斯仁至矣」（《論語》述而）。

不論是仁的語源還是孔子所做的闡說，仁都涉及人與人的關係。仁也和忠恕聯繫在一起：忠是忠於自己的心與良知，恕是尊重他人顧及他人（見《論語》里仁）。仁亦離不開禮。禮多指禮儀和社會意義的舉止行爲，仁多指人的內在意向。

仁植根於人的感情和生命的根本取向，仁意味著情與愛。「仁者愛人」（《孟子》離婁·異於章）；「仁者，無不愛也」（《孟子》盡心·知者章）。「仁者以其所愛及其所不愛」（《孟子》盡心·不仁章）。荀子也贊同仁即愛的定義。《禮記》亦把仁說成是愛。漢儒董仲舒（公元前176－104年）給仁的定義是愛人，而揚雄（公元前53－公元18年）說仁是「兼愛」。《說文》把仁與親等同起來。

然而，儒家把仁解釋成「兼愛」和某些其他早期思想學派，特別是和墨子創立的墨家不同。墨子提倡的是不加區分的兼愛，孔子的追隨者強調區分的必要。愛始於家人，仁亦如此。因而，仁的根本是孝和悌（《論語》學而）。儒者爲自己的父母親人留有特殊的愛：「仁者，人也，親親爲大」（《中庸》）。孟子則說：

> 君子之於物，愛之而弗仁；於民也，仁之而弗親。親親而仁民，仁民而愛物。（《孟子》盡心·君子章）

儒家對仁的闡發有時被叫作「分級制的愛」，但它並不是那種精心計算的愛。它的根基於人的情感，基於責任感。它是感情、美德和義務。它是人所能有的最高尚的品質。

把仁理解爲一種普世的德行，即超越具體德行的德行，這在孔子身後一直延續下來。隨著宋代哲學家的湧現，它又增添了新的涵義：創生性，即生命和意識以及終極現實[36]。根據程頤的見解，仁人和萬物是渾然一體的，而且義、禮、智、信等美德會是仁的表現。他建議弟子門生應體會仁體，然後努力使它成爲自身的一部分，再以各種德行去「滋養它。朱熹教導的是仁的生生能力，即天地透過仁給予人與萬

36　同上註，第115－116頁。

物生命。張載又把仁稱作聖人之事，聖人：

為天地立心，為生民立命，為往聖繼絕學，為萬世開太平。（引自《近思錄》卷二·爲學）

除了沒有明確地提出上帝或神，仁這一對人和宇宙的神秘的愛的表達使人想起約翰和保羅的福音書。亨利·蘇索（Henry Suso）的話更接近我們這個時代並讓我們回憶起德日進的見解。仁所描繪的天地流向人，然後再流回天地的生生不息運動，與基督教神學把愛心理解成賦予有生命的愛十分相似。

正是對仁和仁人的這樣的理解可以將我們引向理解「天人合一」，因爲如果聖人的理想蘊藏著天人合一的內涵，那麼處於人的中心的心便是天人相會的地方。人在其內心深處與絕對體交流對話，這一觀念和基督教神秘主義的理想非常接近，而神秘主義在神學上被定爲愛心之花。

四、儒家的社團

儒家的人不是二元主義的，他不分裂自己的人格，也不勉強去愛他人，而是順服天意去愛與他關係最親密的人，並將這種愛施及他人——先是朋友，然後是社會裡的人和天下的人。他有著深切的社團感和對他人的責任感。

(一)五倫

儒家是從人際關係和人際關係衍生的倫理責任出發去看人類社會的。著名的「五倫」包括君臣、父子、夫妻、兄弟和朋友五種人際關係。其中三種是家庭成員間的關係，另外兩種通常也是以家庭關係爲模式來認識的。譬如君臣似父子，而朋友如手足。因而，儒家社會是一個大家庭：「四海之內皆兄弟也」（《論語》顏淵）。

這樣關係衍生的責任是相互的並且是互惠的。臣子要忠於君主，兒女要孝順父母，而君主亦要愛護臣民，父母亦要愛子女。孟子這樣解釋孔子的正名說：君君、臣臣、父父、子子——由此推知，一個邪惡的君主可能會喪失統治的權利，一旦他成爲「暴君」，其臣民就可以推翻他（《孟子》梁惠王·湯放章）。但孟子從未把這種推理延及自然的人際關係，即親屬關係。例如，爲人子者即便知道父母的過失也要爲親者諱。

無論如何，五常體系強調一種根本的等級關係。其中唯一眞正的平行關係乃是朋友間關係，即使是這裡，對年長者也要恭敬；兄弟之間亦是如此。夫妻關係雖然和兄弟關係更接近，可是通常人們更願用君臣關係相比。千百年來，爲一夫多妻制的倫理道德辯護之理由，就是行孝道和爲傳宗接代而需要子孫滿堂。

家庭一直是儒家生活和倫理學的中心，家庭生活本身也顯示出儒學的性質，它不僅是倫理道德體系，也是宗教哲學。香港、台灣和東南亞的許多華裔家庭裡還保存著祖宗牌位，韓國、日本亦不例外。好多牌位分別代表死去的祖先。從傳統講，牌位是木製的，雖然一位社會學家發現現在有些香港家庭用紙牌位代替了木牌位，這是因爲他們的老牌位留在了中國大陸。牌位前燃著一盞昏暗的燈，燈旁設有香燭。這些都反映了儒家家庭的宗教意義，即儒家家庭是生者和死者同在的團體。

孝在所有儒家美德中占第一位，它先於對君王的忠、夫妻間的愛以及其它層面。從湮沒無聞的古代起，千百年來祖先崇拜一直延續下來，以加強對父母的孝順和對家庭的忠誠。它始終起著團結、穩定的作用，不僅把家長專制的大家庭聚在一起，也聚攏了整個家族，即同一個祖先的所有子孫，從而鞏固了整個中國的家族制度。婚嫁生育與祖先崇拜以及孝道也有關聯，因爲生育繁衍了後代，而婚姻則旨在傳宗接代延續祖先崇拜。通常孝道使老有所依，因爲長大成人的子女要供養年邁的雙親，而強烈的家庭和親屬之情又促使家庭成員、親戚互相幫助。這種幫助甚至超出家族範圍；來自同一故鄉的人、或是同姓的人，雖然沒有血緣或婚姻關係，但因爲同宗也常常相互幫助。

家庭關係爲社會行爲提供了模式。「老吾老，以及人之老；幼吾幼，以及人之幼」，孟子如是說（《孟子》梁惠王·齊桓章）。世世代代的儒家從這段語錄得到啓示。它不但是中國家庭也是儒家社會組織、甚至是今天海外華人社區中強烈的團結感的原因所在。如果今天儒學還保持著生命力，如果今後世世代代儒學還要想生機勃勃，則要歸功於這個人與人團結一致的強烈情感，它的根源是家庭親情，但它也暗含著對「四海之內皆兄弟也」的信仰。

儒家的後期發展，在漢代被尊爲國家正統哲學，吸收了陰陽形上學，把法家權威以及服從的概念匯入官方正統。這都加強了儒學的等級思想傾向。漢代思想家董仲舒這樣說：

> 凡物必有上必有下……陰者陽之合，夫者妻之合，子者父子合，臣者君之合……（《春秋繁露》其義第五十三）

董仲舒從五常中選出三種：君臣、夫妻、父子，稱之爲「三綱」。根據他的解釋，君爲臣綱，夫爲妻綱，父爲子綱。這樣的關係雖然仍要求相互間的義務與責任，但是尊者有了更多的權利，卑者則有了更多的義務。

儒家倫理學吸收了陰陽形上學，這就強調了儒家人本主義的一個側面：對神、對超越體的嚮往。董仲舒以天地人三元說，特別闡發了天人合一的學說。他主張人在精神上和形體上都是天的副本，是宏觀世界的微觀世界。天地人是萬物之本：「天生之，地養之，人成之」（《春秋繁露》立元神第十九）。而且，「三者相爲手足，合以成體，不可無一也」（《春秋繁露》立元神第十九）。

董仲舒特別宣揚王的概念。理想的王是完人，是人的楷模，是天的同道，是天道與地道的仲介，是人類社會的道。

> 天常以愛利爲意，以養長爲事……王者亦常以愛利天下爲意，以安樂世爲事……人主出此四者，義則世治，不義則時亂……以此見人理之副天道也。（《春秋繁露》王道通三第四十四）

當然，不是所有的人都是王。但儒家哲學一向強調人人參政的責任，要協助王保障仁治。譬如，每一個官員都有必要做民之父母，而儒家的聖人楷模有聖王亦有賢相。確實，人們期待需爲國效力，除非其它責任如事奉父母使他們不能如此，或是在衰敗世道中因爲官而損害他們的道義原則。

另外，儒家哲學總是採用普遍性語言，正如上有天，則下有地，即所謂的普天之下。孔子並非忠於某一國的人，也不是民族主義者。他周遊列國，尋找一個爲天下利益而願意用他的君主。他總是從天下著眼看仁治，其後繼者亦不例外。千百年來中國一直是一個已知世界、是一個已知宇宙的中心。儒家社團是世界性的社團，是人的社團。

自然，儒家必須為完成這一任務做好準備。他也受鼓勵去這麼做，要始終忠於這一綜合的人生和生活觀。這一觀念超然於主、客體的區分，自我和世界的區分。儒家典籍《大學》很好地闡揚了自我完善和治理家庭、國家、天下的有機統一，一個包容一切的、圓周形的過程克服了不同層次間的差異：

> 物有本末，事有始終。知所先後，則近道矣。古之欲明明德於天下者，先治其國；欲治其國者，先齊其家；欲齊其家者，先修其身，欲修其身者，先正其心；欲正其心者，先誠其意。……其本亂而末治者否矣，其所厚者薄而其所薄者厚，未之有也。

㈡文化的社團

基督教的社團是教會（Ecclesia），它自視是蒙神呼召的一群人，是信徒的社團[37]。它自然也是社團的集合體，即各地教會的集合體。但是，它仍然是一個獨特的集體，因為儘管有時間、空間和文化的差別，儘管有政治思想和社會組織形式的差別，然而共同的信仰，把所有成員結合在一起。它是一個社團，因為信仰的紐帶已經將人與神、信徒與信徒

---

37 參 Han Küng, *Die Kirche*（Freiburg, 1967），第99－107頁。此書有中文譯本。

繫在一起。信仰比社團的社會組織形式或法人地位更爲重要，乃是基督教社團的生命。

儒家社會也有其統治者、法律和等級地位，但它不僅僅是一個社會，它也是一個人際關係的社團。聯結這個社團的不是宗教信仰——雖然宗教信仰也存在——而是對一個共同的文化的接受。這一文化尊重人勝於法，尊重人際關係勝於國家。文化是儒家社團的生命。在古代中國，當儒家國家據說是擁有當時已知的整個社會時，儒家文化也被視爲人的文化，並以此區分文明人與野蠻人的差異。

儒家文化是宗教的同時也是俗世的。它並未區分這兩個領域。它的基本信仰「天人合一」激發了對人性和人性向善可能性的極大熱誠，這是一個驅使人尋求普遍生活方式和普遍人世秩序的信仰。儒視天爲自己生命和存在的源泉，向天尋求保護，乞求慾望的滿足。儒視地爲自己生時死後的居所，是資源的儲藏所，也是生機盎然的花園。地和人一樣，是由天的賜與而滋潤豐實。儒認爲自己參與了天地的生活與存在，而且透過這同一參與和同樣源自天的特點與其他人聯繫在一起。

儒學從未有過有組織的、教會形式的教士階級。皇帝因是政治統治者而成爲天與民之間的仲介，其手下官吏組成一個精通禮儀和倫理的、有知識的官僚集團，來協助皇帝統治。皇帝和官吏合起來便形成了一個俗世的教士階級，但他們的尊嚴和使命來自他們所受的教育和他們自身的優點，而不是源自任何個人的超凡魅力。他們構成了一個特殊的社會階層，代表了出於共同的利益社會與國家服務的義務職責。

有時他們亦被稱作「君子」。從這樣階層裡不時會出現一位「先知」，和希伯來的先知一樣會大聲疾呼抗議暴政，怨憤直指「君王」。這樣的人是眞正的孔子信徒，這樣的人能代經典，代聖人，代天立言。

有意思的是要注意下面的事實：儒一向被視爲「王」，是眞正的或是可能的王，他有義務治理國家或是協助治理國家。《大學》裡的教誨是針對每一個人而發的：要明明德（透過修身），要愛人（齊家治國），要止於至善（包括平天下）。「自天子以至庶人，壹是皆以修身爲本。」

在論述政治相關性一章裡，將詳細討論儒家的王與相的理想：決定一朝一代帝王制度的首要因素不是個人的能力與優點而是世襲繼承權。這樣的制度擴大了事實眞相與理想之間的距離，因此丞相更爲重要，因爲丞相的抉擇標準是才幹不是出身家世。這促成了某種「勢力平衡」，以丞相爲可以諫君的顧問和主管官員，儒家的政治忠誠說從未要求消極被動的服從。即使在最惡劣的情況下，忠臣亦不惜以死諫君。

五、結語

在上面的研究分析過程中，我們似乎發現儒學和基督教在人的觀念上所持有的相同意見大大超出不同意見。然而，我們一定不要忽視這些不同點，特別是那些區分這兩大傳統的不同側重。例如，儒家學說更強調人的向善性，而基督教則傾向於突出人的罪性；因而儒家投射出的是人與社會、與宇宙和諧的意向，而基督教支持的是人與自身鬥爭，與自己的罪惡本性鬥爭，從而服從神的旨意的世界的觀念。還有人用儒家的自滿自足和基督教的主動近取來說明這一不同點，熱愛和諧的儒家被說成是抵制改革，而激進的基督徒據說是不斷地在改造世界的面貌。但是，另外還有一幅畫面，疏遠與異化也要爲摧殘人與自然的暴力負責任。

那麼，這兩種人本主義的長處與弱點各是什麼？

崇拜儒學的人士已經強調指出儒學即人本主義，儒學的核心是人的自我實現和自我完成，即獲得智慧成爲聖賢。但是，儒學的批評者也指出了儒學的非人道傾向，特別是它的等級區分取向。等級觀念發展演變到如此地步，以至於「五常」中的卑者只有義務卻沒有絲毫權利。崇拜基督教的人士同樣也指明神的啓示如何揭示出人性偉大的眞正可能性，而它的批評者卻把基督教看作是人本主義的對立面，因爲它太專注於來世與神。

看來，要眞摯表露人的胸懷抱負、儒家人本主義和基督教人本主義都有必要維持內部不同張力的微妙平衡。儒家學說中要更明確表達人難免錯誤的弱性，在價值系統裡突出人的苦難及其意義。反之，基督教需要展開對性善問題的更深入的探索，甚至可以越出救贖恩典的理論框架。我相信，基督教可以向儒家的教育學學習，分別通過對人的罪性與人性本善的側重，來強調人的罪惡感和無能爲力感，使人獲得力量和委身的源泉。譬如，儒家傳統便不可能產生安東尼·勃格期（Anhony Burgess）的《發條桔》（Clockwork Orange）這樣揭示人類弱點的小說，這樣的文學作品代表了虛構文學和社會對罪惡分析的日益增長的迷戀的另一個高度——或許它缺少對自由和責任的足夠承認。

儒家文化發展的歷史經歷了許多曲折波動，其間既有人的偉大又有人的懦弱，既有制度化的僵死又有新生。以儒學的興衰榮辱爲背景來判斷它時，人們必須要問失敗原因究竟是儒學本身還是其它附加東西。儒學學說屈從於國家權威而成爲國家正統，要容忍權威並服從法家思想的侵襲，因而使得人際關係的倫理學變成僵化的教條？儘管如此，儒學還有某些理想和價值自始至終保持了其生機和振奮人的力量。

誠然，不論是在社會主義社會還是在開放的自由社會，現代人認爲五常的許多慣例習俗是毫無價值的，甚至是毫無人性的。爲什麼青年一定要服從老年，女人一定要服從男人？爲什麼一定要厚古薄今，或是抬高過去貶低未來？儒家文化向後看的傾向不是要爲中國近代的悲劇負責嗎？面對朝氣蓬勃、積極進取的西方「夷狄」，中國顯得那麼無可奈何，聽任西方以武力和技術進攻它，祇因儒家的君子因其閑適的文化，從前一直鄙薄西方的武備和技術。

對儒家文化的批評有許多是頗有道理的。儒家文化自身遭受的潰敗便足以證明一個古老的文化必須更新。然而，這些失敗和挫折並不是儒家文化已經或正在死亡的理由。

人類文化自有生死的周期。儒家文化已經經歷了不少這樣的周期變化，如公元前213年的焚書、後來的佛教、道教的得勢以及最近西方俗世主義和馬克思主義的挑戰。但迄今爲止，儒家文化每一次都能復活，通常是在吸取了經驗教訓以後，不管是好的經驗還是壞的教訓。

任何兩種傳統間的有創造性的對話，都必定要建立在雙方的相同之處而不是不同之處。至於基督教和儒學的對話，最有發展前景的出發點是對人之嚮往超越的信念的理解[38]。正是這一信念賦予了儒學其主觀能動精神並抵禦了法家弊病，而歸罪於儒學的許許多多罪行正是法家思想侵襲儒家體系造成的。也正是這一信念爲當代神學提供了一個起始點，對於基督徒來說，這一信念比任何法學和教條都要優越，因爲它本身才是任何眞正法律秩序的理論基礎。正是這一信念在各個情形之中使得自由的有創造價值的運用成爲可能，而正是自由將人引向超越目標——獲得根本的人道。

38　參張君勱、唐君毅、牟宗三、徐復觀屬名的《爲中國文化敬告世界人士宣言》（1958）；Robert P. Kramers，"Some Aspects of Confucianism in Its Adaptation to the Modern World"，*Proceedings of the IXth International Congress for the History of Religions*（Tokyo and Kyoto），1958（Tokyo，1960），第332－333頁；唐君毅的見解亦可見其《中國文化之精神價值》（台北，1960），第326－344頁。

第四章　神之問題

一、概論

如前所敍，世間沒有無信仰的宗教，亦沒有無超越的神的內涵的信仰[1]。但這並不意味著神總是被奉爲神。和宗教意識的語言相比，神這一用語更多是屬於哲學神學的語言。在歐洲思想史上，這一用語長期以來一直牽連著證明神存在的需要。然而，無論是《舊約》還是《新約》都未曾致力於證實神的存在，而是更傾向於假定神存在——神就是存在。

儒學的主導傳統和猶太教傳統與基督教福音書一樣，它並不去證實神的存在，同時又明白地承認神。然而基督教的《聖經》中神是主要的角色，在基督教神學中占據了中心位置；在儒家經典和評著裡，神不過偶被提及。另外，儒家主要學派——儒家經典本身以及孔子和孔子的追隨者——雖肯

1　參Paul Tillich，*Systematic Theology*（Chicago，1963），第三卷第130－134頁；John E. Smith，*Experience and God*（New York，1968），「概論」與第二章；Louis Dupré，*The Other Dimension*：*A Search for the Meaning of Religious Attitudes*（New York，1972），第8頁。我並不想說所有的宗教在幫助人完成自我超越任務時都有同樣的功效。有不少重要的區別存在，正像世上有「代理宗教」，它們將國家、領袖或教條奉爲崇拜的偶像。

定神，但孔子的另一些追隨者卻否定神。因而儒學可能是以一神論、或者無神論、或說是不可知論爲其特點的。但更確切地說，儒家更像是崇尚一神的而不是無神的。今天，儒學的批評者也持這樣的見解。

對神理解的衍變中，儒學的神觀更有意思。這裡指的是從初期的一神信仰向後期的對絕對體的哲學詮釋的逐步轉化。在此，我願推薦弗雷德里奇·海勒（Friedrich Heiler）的《祈禱》（Prayer）一書。此書論及先知型宗教（信仰人格神）和神秘主義（這裡，側重點在於自身與宇宙合一以及所謂的泛神傾向）[2]。我認爲，儒學提供的是一個轉化的範例，即從早期典籍中的人格神向後期哲學家的神—絕對體的轉化。我還認爲祈禱、靜坐冥思和神秘主義的衍化過程支持了上面的論斷。此處不準備詳細論述，只是想指出哲學理解的後期發展並沒有清除對人格神的早期信仰的殘跡。儒家對天的崇拜這一悠久的歷史就是明證。今天中國民衆意識中這種信仰的殘餘也是人格神信仰的見證——這也是人民共和國在繼續批判儒學及其宗教內涵時，宗教批評家小心翼翼的原因所在。

研究儒學裡神的問題對我們當前如何理解神有什麼相關性呢？可能有人會十分吃驚地發現有許多相關性，不僅是在經典中人格神的發現中，亦是在新儒學對神的強調之中；新

---

2 海勒是那森·索德布羅姆（Nathan Soderblom）的弟子，索德布羅姆曾論及不同宗教裡神的信仰；參《祈禱》第二章。

儒學更注重神的過程性和形成性，注重神的思維性和主觀性。在神的問題上，儒家傳統始終保持人從反思開始的特色，即人對宇宙和人自身的理解。正是從對宇宙和人的理解之中，人發現了更爲偉大的事物，也就是解釋了天與自我之間的那一位神。這一從人認識神的途徑，亦是當代哲學和神學的途徑。

二、人格神

基督敎神的觀念之根源在於猶太敎的《舊約》，《舊約》一書從頭至尾通過創世的故事、神選的民族之歷史和神選的民族之首領、王與先知來展現了神的啓示。《出埃及》第三章一至十五節講述神向摩西（Moses）現身，對論述耶和華（Yahweh）之名的啓示具有特別重大的意義。這個字具有的不同層次的意義本身就富於啓示性。耶和華意爲「I am who am」（我即我在）。耶和華用他自己的話說是猶太人長老的神，亞伯拉罕（Abraham）的神，以撒（Issac）的和約伯（Jocob）的神。耶和華又是「I make to be, whatever comes to be」（我使一切將來的存在），此處動詞理解爲役使意義，這時他是創造者和一切事物的始作者，是一切事物的主。還可以從耶和華對摩西的諾言「我將和你同在」的意義上去解釋耶和華——這裡的動詞具有關係含義。借用德國存在主義的用語，耶和華不僅是 Sein 同時還是Dasein。這一詞彙的三重意義被確認爲包容了三重啓示：神在歷史中的內在性，即啓示爲一歷史事件，神對歷史的超越和神通過歷史呈現的「透明的」存在，即通過神的拯救行動。神是自然之主也是歷史之主。他是獨一無二的神，一個有人屬性的神，惟有他可以稱得上 El－Elohim[3]。

在《新約》裡，神是 Theos。這個希臘字暗喻著希臘的多神論和衆神之父宙斯（Zeus）主宰的宗教世界。到 Theos 一詞進入《新約》詞彙的時候，希臘神的概念因了柏拉圖和亞里士多德的著作已然經歷了一個眞正的哲學演變；柏拉圖和亞里士多德都主張一個超越的、形上的神，他君臨衆神之上。福音書和其他部分並沒有詳細論述對這一形上神的認識。反之，《新約》確切相信神就是存在現實，因為摩西已經作了歷史見證，而今耶穌基督又道成肉身。《新約》裡的人是基督的見證——他們在基督身上見到了神。他們關注的不是神這一概念的哲學建構而是神的個人啓示。

基督揭示的神是以色列及其長老的神，是亞伯拉罕、以撒、約伯的神（《馬太福音》15：31，22：32；《馬可福音》12：26；《路加福音》1：68，20：37；《使徒行傳》13：17，22：14；《哥林多後書》6：16，《希伯來書》11：16）；他就是神和耶穌基督的父神（《羅馬人書》15：6；《哥林多後書》1：3；《以弗亞書》1：3）。他確有人的屬性。他是宇宙的創造者，是時間的主宰，在與人的歷史對話中他可以自由行動。他是法的制定者，也是祈禱的對象。他

3 神的名字問題，參 Walter Eichrodt，*Theolotie des Altern Testaments*（Stuttgart，1968），第一卷第110頁，第116－121頁；John Countney Murray，*The Problem of God*（New Haven，1964），第一章。

高於一切，是神的愛（《約翰一書》4：16），在《舊約》裡，神的愛已然得以顯現；在《新約》裡，通過耶穌基督，神的愛更爲昭明。

在檢討上述人格神的概念之後，現在我們再來檢驗一下儒家傳統。儒學是否有相似的信條。我們旣要分析研究神的問題，又不準備涉及有關的、爭議未決的問題，不論是基督教的還是儒學的。譬如，我們不會去比較《舊約》和《新約》裡神的概念，也不會去討論令人敬畏但又武斷的神與相對的、仁慈憐憫的神的問題。我們先假設神旣是令人畏懼的亦是仁愛的，至少基督教的神是如此。接著，我們將討論儒家經典所描述的人格神的形象，即歷史的創造者與主宰。這裡，我們要提出上帝和天的關係（或同一）和天地二元等問題，特別是要透過指明儒家傳統中旣肯定神又否定神——人格神——的證據來看待神的問題。中國歷史上大部分時期，肯定的意見占上風，直到二十世紀初期還殘留著對天的崇拜正是肯定神的表現。然而，目前否定的見解因馬克思主義思想在中國占據主導地位而變得更加咄咄逼人。

㈠對神的肯定

儒學是一個與書籍息息相關的傳統。對於其信奉者來說，儒家經典的地位和基督教的《聖經》一樣神聖。這些典籍包括不同文體的著作：詩歌、歷史文獻、語錄和其他。某些典籍，尤其是《詩經》和《書經》證實了對人格神，萬物的創造者和自然與歷史的主宰的信仰。它們將讀者引入了一個由道德價值、人的行爲和依靠一種至高無上的力構成的世界。嚴格地講，我們不能把這些典籍看成是形成一個神的啓示的沈澱。但是，它們的確把歷史說成是人與神的對話——是神與一個人的對話，這個人往往是政治統治者，亦是某種宗教的中介。這些典籍的字裡行間激盪著信仰：對神的信仰，而神是萬物之源，神一直在統治寰宇，揚善懲惡。這些典籍裡亦不乏神話，儘管神話的地位不十分顯赫。道德教誡占獨尊地位，但道德教誡亦有神學的內涵。對神的暗喻時常出現，而且涉及人和歷史多於涉及自然[4]。

儒家經典裡的神觀一直是傳教士、語言文獻家、典籍詮釋家甚至考古家研究的對象。然而，與猶太教和基督教《聖經》中神觀相比，尚有許多工作有待完成。中國和儒學研究中還有某些尚未解決的問題。例如，關於中國宗教至高無上神的淵源問題。鑒於本書宗旨，只討論已有學術研究中大家認同的問題，即將從五經裡的《詩經》和《書經》開始，然後轉入其他典籍，包括《論語》和《孟子》。我要談的是人

---

4 參 Antoine Tien Tcheu－kang, *Dieu dans tes huit premiers classiques chinois*（Fribourg, 1942）；杜而未，《中國古代宗教史》（台北，1959），特別是第92－100頁論及人類學的觀點；Werner Eichhorn, *Die Religionen* Chinas（Stuttgart, 1973），此書第31－35頁涉及社先崇拜和至高無上神概念之間的關係；Joseph Shih, "The Notions of God in the Ancient Chinese Religion", *Numen* 16（1969），第99－138頁；"Mediators in chinese Religion", *Studia Missionalia* 21（1972），第113－126頁和"Non e Confucio un Profeta ?" *Studia Missionalia* 22（1973），第105－121頁。最後提到的兩篇文章並非直接關係到神的問題，而是更多地討論早期的儒學觀念接近於海勒的「先知宗教」的原型。

格神、創造者和歷史的主宰，涉及的多爲證實神存在的看法，較少論及神的啓示。問題所及是已爲人接受的宗教信仰而不是對這一信仰加以說明。

儒家經典裡有許多用語都與神的概念有關；單是這一事實已是許多麻煩和誤解的根源。最重要的兩個用語是「上帝」和「天」。從詞源學角度來看，「帝」這個字在最早的文字記載中，即所謂甲骨上，就已出現了，它有祭祀儀式的意義，和祭品有關。「帝」尤其是中國歷史上最早的王朝商朝的神；按傳統，商朝的紀年始於公元前1766年左右，雖說考古發現的證據最早的僅僅是公元前1300年。「帝」屬於一個祖先崇拜占主導地位的宗教；有人認爲，「帝」是將王室的祖先亡靈神化。[5]

另一方面，「天」字的含義具有更爲自然主義的聯想，

---

5 問題是「帝」最初是神化的祖先還是從土地神、雨神甚至月神轉化而來的至高無上神，而這一至高無上神亦是神化的祖先亡靈？就這一問題的不同意見，參 Carl Hentze, *Mythes et symboleslunaires*（Antwerp, 1932）； Bernhard Karlgren, "Legends and Cults in Ancient China", *Bulletin of the Museum of Far Eastern Antiquities* No.18(1946)，第199－365頁；亦參見考古及古文字學著作，如Cheng Te－k'un, *Archeology in China*（Cambridge, 1960），第二卷；Tsung－tung Chang, *Der Kult der Shang Dynastie im Spieget der Orakelinschriften：Eine palaog raphische Studie zur Religion im archaischen China*（Wiesbaden, 1970），第211－236頁。再參看池田末利《中國古代宗教史研究》（東京，1981），與傅佩榮《儒道天論發微》（台北，1985），第一章。

至少是有崇拜天的意義。但據說這個字是從有一個碩大頭顱的人的圖象演化來的，也就是說它有一個擬人的字源。在中國最早的字典裡，這個表義字是根據它的兩個明顯的構成部分來解釋的，即「一」與「大」，「天」即「大」。

甲骨文裡也有「天」字，那裡「天」並不指任何神。在稍後的文獻裡，即周代（公元前1111－249年）或儒家典籍裡，「天」才指神。天似乎是周民的神。周從文化上和人種上都和商有聯繫，但周在商以後登上政治舞台的中心。帝的傳統和天的傳統融合顯然發生在周代。那時，上帝也稱作天，而所有的人都承認上帝是至高無上的神，是衆神的、其他精靈的和神化了的祖先的主宰；人在祈禱時向上帝祝禱，乞求他的福佑和讚許。神的超越特點更爲人注目。但在向神禱告的多處記載裡，神的人之特徵亦得以保存——在禱告裡神被稱爲上帝或天，有時也兩個稱謂並用。神的信仰的倫理寓義特別予以強調：神是道德秩序的根源和準則，是善惡的仲裁者。周王室的祖先顯然臣服於這位神。

「天」一詞引出的問題是它有「地」這個對立面的存在。《詩經》和《書經》裡，「天」字常常獨自出現，而「地」字則通常和「天」合在一起。在五經之一的《易經》裡，因爲使用了「乾」、「坤」二詞，分別代表「陽」和「陰」，天地的概念和天與地相對的概念就變得更爲突出。

有人提出，帝作爲神祉和地神崇拜有關，所以周代以及之後祭祀地的時候則有單獨的祭禮，並和祭天的儀式截然不同。然而，在祝禱語言裡，包括祭天的祝詞，「帝」或「上帝」和「天」作爲信仰一至高無上神的表達時，這幾個用語是通用的。很可能「天」和「地」有時是指不同的神祉，有時是指主宰天地的一種力；但是，毫無疑議天高於地，不僅在《易經》中如此，其他經典中亦是如此。從對崇拜天寄予的重要性中也可以看清這一區別。當然，天也高居於農神、山神、河神以及王室和平民百姓的祖先亡靈之上。

1.創造者

儒學沒有發達的創世說理論，但儒家經典卻明確地闡發了神爲萬物之源、生命的賦予者和人類的保護者的信念。《書經》〈泰誓〉據說是周朝的開國之君武王的誓詞，它這樣說：

惟天地萬物父母，惟人萬物之靈。

《詩經》中，有幾首詩顯然是周時流傳下來的，它們把神有時稱作「上帝」，有時稱作「天」，亦證實了上述信念：

蕩蕩上帝，下民之辟。

疾威上帝，其命多辟。

天生蒸民……（《詩經》〈大雅·蕩之什·蕩〉）

天生蒸民，有物有則。

民之秉彝，好是懿德。（《詩經》〈大雅·蕩之什·蒸民〉）

正如天被稱作是生命的根源，人類的最初之父母，世間父母之愛亦成爲神佑的象徵：

父兮生我，母兮鞠我。

……

欲報之德，昊天罔極。（《詩經》〈小雅·谷風之什·蓼莪〉）

在悲苦的時候，人用怨慟的語言禱告，也把天稱作父母：

悠悠昊天，曰父母且。

無罪無辜，亂如此憮。（《詩經》〈小雅·節南山之什·巧言〉）

作爲至高無上神祉的天似乎被視作人類和宇宙的唯一創造者，至少周代時如此。稍後，由於陰陽家的影響，地加入了天的創世之功。《易傳》即表明陰陽概念浸透了儒學。那裡，「乾爲天爲父，坤爲地爲母。」至少從暗喻角度視之，宇宙成爲天地交合的碩果。這一概念對於儒家創世說的理解並非決定性的、終極性的，但它確實在神——創造者問題上造成了一定的混亂：神一創造者是一元的還是二元的？「創世」究竟是不是一個自發的、自決的過程？

陰陽家也看重五行（水、火、木、金、土）在天道和人道關係中的作用。這就引起五位神或五位上帝的出現。雖然這種說法對後來儒學的影響如曇花一現，但它表明對早期的信仰，即更符合祖先的宗教以及祭天啓示的信仰的日益偏離。它還有助於解釋爲什麼儒學有否定神的傾向，學者們看淸了至高無上神說、甚至多神說引起的迷信觀念和習俗，他們愈來愈持批評態度並公開宣告反對宗教。

2.歷史的主宰

神是創造者，更是人類歷史的主宰，是一切力量和權威的源泉。神造人不是爲了忘卻人。神永遠和人在一起，尤其是和賢明的統治者同在，並一再告訴他：「無貳無虞，上帝臨女」（《詩經》魯頌·宮）。的確，王權受之於天：

天佑下民，作之君，作之師，惟其克相上帝，寵綏四方。(《書經》〈周書·泰誓〉)

通過統治者、王，天繼續統治世界。勝利與繁榮都來自於天：

帝省其山，柞棫斯拔。
松柏斯兑，帝作邦作對，
……
比於文王，其德靡悔，
既受帝祉，施於孫子。(《詩經》〈大雅·文王之什·皇矣〉)

神親自指引文王，神對文王如是說：

帝謂文王，無然畔援，
無然歆羨。(《詩經》〈大雅·文王之什·皇矣〉)

這也正如耶和華對大衛王和所羅門那樣，

帝謂文王，予懷明德。
不大聲以色，不長夏以革，
不識不知，順帝之則。(《詩經》〈大雅·文王之什·皇矣〉)

一方面神和統治者之間有特殊的關係，另一方面神則見統治者治下的人民所見，聽人民所聽：

天聰明，自我民聰明。天明畏，自我民明威。達於上下，敬哉有土。(《書經》〈禹書·皋陶謨〉)

神作為歷史的主宰，選定一個人作為人民的統治者和指導者。統治者享有尊寵，但只有當他知道自身所處的公僕地位時他才有權治人。鑒於經典如是說，孔子的後繼者孟子便強調民貴君輕的思想，君爲民而存在，而不是民爲君而存在。[6] 諸如此類的章節在大陸中國認爲人民無往不勝的思想傾向裡尙可見其端倪。而諸如此類的章節亦使我們看清天在人與神的對話中所起的主動作用。

上帝的意志

讀孔子和孟子的語錄（《論語》和《孟子》）中較少有上帝一詞出現，即使出現也常常是引徵或引喻其他經典。天字確然出現過，雖然出現的次數不頻繁，而且還是像《詩經》、《書經》中那樣在祝禱裡出現。《論語》記載孔子求助於天時多在悲慟之時和危難關頭，如其得意門徒夭折時（《論語》〈先進章〉）；或是以天爲其德行和使命的淵源與準則（《論語》〈子罕章〉）；或是呼天以爲其品行端正賢良的見證（《論語》〈述而章〉）；或是以天爲主宰人生的神奇的力量。據說有一次，孔子說：「獲罪於天，無所禱也。」（《論語》）。這一段語錄證實了下述說法：對於孔子，天代表一人格神，它超越了所有其它的神靈，正如人的祈禱中的那一絕對的神。[7]

《論語》裡出現的一個重要的詞是「天命」。《詩經》、《書經》、《春秋》和其他典籍也用到該詞。它所指是天的意志和命令，並常有「受命於天」的特殊含義，即王

---

6 參《孟子》〈梁惠王〉，〈離婁〉，〈盡心〉等章節。

7 關於孔子的宗教態度，參秦家懿、孔漢思《中日宗教與西方神學》第二章。

權神授。它亦指命運或運道。對於孔子，這個詞顯然含有「神的意志」之義，即人格神的意志。孔子總是心懷敬畏地談到天命，他說：「不知命，無以爲君子也」(《論語》〈堯曰章〉)。而君子是道德高尙的人。孔子談及自己時曾說他「五十而知天命」(《論語》〈爲政章〉)。

孔子是否將「天命」看作是預先確定的命運？人們有時是這樣假定的，尤其大陸學者過去一度這麼認爲。然而，他們依賴的證據(《論語》〈子罕〉，〈季氏〉)並非確鑿可據。前一條講的是對天命的必要而有益的「敬畏」，後一條指的是從自然之道體察到天的「無言」。當然，《墨子》這部據說是成書於公元前五世紀的書籍裡有「非命」一章，這顯而易見是批駁當時儒家的，墨子信的是人格神並尊重神的意志。但是，批駁的鋒芒所向是孔子身後的弟子而不是孔子本人。

「命」一詞可能指的是一種盲目的力，或命運，或神的冷峻法律。有趣的是，過去大陸學者斷定孔子信仰的是一位具有不可逆轉的意志的人格神，並因這樣的宗敎思想嚴厲地批判孔子，這也許是對「人格神」的誤解。

到了《孟子》，我們發現「天」一詞的意義有了明顯改變。孟子認爲天寓於人心之中，因爲知心和性的人即知天。天的內在性更重。天還越來越多地用來指倫理和價值的淵源和原則。孟子亦講天命，但他通常是指王受命於天。孔子間或還提起人格神，但孟子更多地是談到天——但天並不總指人格神。

儒學中的神秘主義內涵在《中庸》一書亦有體現。《中庸》裡天道一詞取代了天命。天道綿綿不盡，無止無休，超然於時間、空間、物質和行動之上。自然之中，人之中普遍存在的和諧是其特徵。它是天人合一的更充分的表露，即：宇宙——道德和人——社會兩個層次的思維的結合（參《中庸》第二十二章）。

但是，《中庸》依然贊成向作爲上帝的神和祖先供獻犧牲，《孟子》亦如此。孟子說：「雖有惡人，齋戒沐浴，則可以祀上帝」（《孟子》〈離婁·西子章〉）。《中庸》亦說：「郊社之禮，所以事上帝也；宗廟之禮，所以祀乎其先也」（《中庸》第十九章）。

於是，一方面是哲學的衍變表現出神秘主義的傾向，另一方面是哲學家及其著述證實他們繼續讚賞代表信仰人格神的宗教崇拜。這一現象一直貫穿了整個中國歷史，直到二十世紀初中華民國的成立廢除了國家奉行的祭天禮儀。這種祭祀本身是排衆的，它是由皇帝這個天子在儒臣的協助下獨自進行的。然而，在與哲學著述截然有別的民衆意識裡，這種至高無上的人格神的概念一直未曾泯滅。

㈡對神的否定

與《詩經》、《書經》相比，孔子的《論語》展示了對人事的更大關注和憂慮，而不經常提及神。誠然，《論語》依然崇敬神聖事物，尊重古代聖人帝王，其間卻沒有《詩經》、《書經》裡那麼情詞切切祝禱的例子。《論語》描述的是一個不排斥神的人本主義，但卻並不孜孜於神。《詩》、《書》講到神直接指導聖王，而《論語》和《孟子》則更願談及「神的沈默」：天雖不言卻以事跡行動、以自然的運行表達意願。在一個社會和政治的轉折時期，甚至是動盪時期，強調這樣的神聖沈默並不表示孔子或孟子信奉不可知論或懷疑主義。但是孔孟思想中的這一表示爲早期儒學日益增長的「世俗化」傾向做好準備。這一傾向在儒學傳統中已然達到否定神的程度，尤其是在荀子（公元前238年左右）和王充（公元27－100年）的著作中尤爲明顯。

荀子闡述了兩種秩序分離的思想，即天——神與人——道德的兩種秩序。他以邏輯的和系統的方式力求證明如乞雨、求神療疾等宗教習俗之無益，證明以人的外貌推測人的命運的無濟於事。這樣一來，荀子否定了天作爲人格神而讚許傾聽人的禱告的觀念。荀子所理解的天僅是物質：

> 天行有常，不爲堯存，不爲桀亡。應之以治則吉，應之以亂則凶。彊本而節用，則天不能貧；……循道而不貳，則天不能禍。（《荀子》《天論》）

顯然，這位宗教的懷疑者依然是位政治和道德的說教者。荀子似乎急於斷定人的和社會的行動之獨立的重要性。他認爲，凡是理解天與人的各自功能的人即可稱爲完人。

> 雩而雨，何也？曰：無何也，猶不雩而雨也。（同上）

荀子否認有主宰宇宙和人的至上神的存在。他尤其否認爲害的鬼魂存在。雖然他間或也用及「神」字，其他的著述者用這個字來指祖先的靈魂和自然力的精靈，但對神的定義則是：「盡善挾治之謂神」（《荀子》〈儒效〉），從而使神成爲道德端方的品質。他是早期儒家著述者中最爲徹底的理性主義者。然而，荀子亦不反對某些習俗，如用龜甲和蓍草占卜，或是守喪與祭祀的禮儀。事實上，他積極鼓勵實行禮儀，同時把禮儀解釋成純粹的人的發明，旨在點綴人的社會生活和指導人以正當方式表達自己的情感。荀子認爲，透過禮儀活動能使天地人成爲和諧一體。

在將天非神化和否認靈魂存在的過程中荀子後繼有人。王充（亦是一位道德家）一如荀子都表露出源自道家哲學的自然主義，而王充受陰陽學派的影響更深。陰陽家對宇宙秩序的詮釋是自然主義的，他們講的是兩種基本的原則，主動和被動之間的互相作用。王充是早期的唯物主義者，他這樣解釋宇宙：

> 天地合氣，萬物自生，猶夫婦合氣，子自生矣。……何以知天之自然也？以天無口目也。……何以知天無口目也？以地知之。地以土爲體，土本無口目。天地，夫婦也。地體無口目，亦知天無口目也。……天道無爲，故春不爲生，而夏不爲長……（《論衡》〈自然篇〉）

王充亦贊同荀子，從否認神的領識到否認魂魄精靈，其中包括人的靈魂不朽。王充明確地提出：

> 人之所以生者，精氣也，死而精氣滅，能爲精氣者，血脈也，人死血脈竭，竭而精氣滅，滅而形體朽，朽而成灰土，何用爲鬼？（《論衡》〈論死篇〉）

儒學傳統中既有對神的肯定，又有對神的否定。但是，它從未試圖去證明神的存在。而神的存在正顯著體現了基督教的重大傳統。儒學傳統可以說是同時具有一神論、不可知論抑或甚至是無神論的傾向，但從整體上看是前者壓倒後者。儒學傳統亦有神秘主義的傾向，在孟子思想中即露端倪，而新儒學哲學的代表人物則將它發揚光大。在這些新儒家的思想裡，我們遇到儒學之中神的問題的另一層內涵，即：神與絕對體的關係問題。

三、絕對者

儒家典籍在信仰人格神方面提供了充分證據，但它們幾乎從未對神的本質和屬性做任何哲學的解釋。儒家更重視神的行動——造物時和歷史中的行動。他們強調的是知道神的意志的重要性，以便人可以根據神的意志來行動。

儒學後來的發展，尤其是在漢代，吸收了陰陽家學派的思想，表露出折衷主義的結果。漢代儒學側重於天、地、人神秘感應的理論——自然和宇宙秩序與道德和社會秩序的感應理論。更多注重天地對內在性而不是超越性的指向，而人格神信仰漸漸變得湮沒無聞。

然而，大大超過漢代儒學的佛教宗教哲學，激發了新儒學以及形上學的崛起。許多重要的新儒學哲學家在進入其哲學思想領域之前是佛教的認眞研究者。他們即使在決定接受和鞏固儒家對人生與世界的解釋之後仍然「靜坐」冥思。他們借用佛教術語和佛教形上學思想觀點來反對佛家宇宙論的悲觀主義及其否定人的社會責任的傾向。

因而，新儒學哲學的絕對體概念反映了哲學和佛教的合流，有時是通過道家宗教的自省冥思。但是，絕對必然要和所有「非絕對」息息相關；所以，是在形成而不是在存在之中，在自我——宇宙亦與自我有關——而不是在「其他」之中找到絕對。絕對體並不脫離生活與活動。

這並不意味著新儒學的絕對體絕對不同於基督教用哲學語言表達的神道。反之，我們將會發現新儒學的絕對體和中世紀時埃克哈爾特（Eckhart）、現代時期的德日進表達的神秘主義的神的概念非常接近，和那些偉大的思想家，如謝林（Schelling）、黑格爾（Hegel）、懷特海德（A. N. Whitehead）發揮的哲學思想亦有許多相似之處。新儒學的絕對體不是死去的神的代表，它很有現代性。

這是從兩方面著手探討新儒學哲學的絕對體問題，先討論絕對體作為形成過程的問題，見於宋代的周敦頤（1017－1073年）和朱熹（1130－1200年）；再述及絕對體作為心的問題，尤其是十五世紀時王陽明的闡述。這兩種詮釋代表了世界與自我兩大不同出發點，需要說明的是，中國傳統從未嚴格地區分世界和自我，同樣中國傳統從未形成一個基於這一區分而建立的殭死的認識理論。

㈠作為歷程之絕對體

中文裡沒有一個和 to be 對等的動詞。各種替代形式所指的是事物間的關係，而不是嚴格意義上的等同或不相矛盾；其含義常常不是表示對等的「是」，而是表示「形成」過程。

在分析新儒學的絕對體概念時記住上面的話十分重要。絕對體本身是一切存在和美好事物的來源，它維繫這個世界，它解釋世界的內在的與最終的意義，而且萬物終將回歸於這一絕對體。

新儒學的哲學家們賦予這一絕對體許多名稱。他們稱之爲「太極」，「天理」或者簡稱爲「理」。他們還叫它「仁」，即倫理的德行，但他們把它轉變爲宇宙的生命力。

思辨繁榮的十世紀和十一世紀時，將思辨思想加以哲學綜合的最傑出的新儒學家是朱熹。朱熹將四書升高爲思辨性的儒家智慧的重要著作，並爲四書寫了評註。他猛烈批評佛教的宗教形上學及其宇宙學的悲觀主義和倫理學的不介入傾向。但是他家卻毫不猶豫地有選擇地借用佛教觀點，闡發了世界與人交相感應的觀念。他還特別關注絕對體這個形上學中第一原則，並把它置於新儒學有機哲學中的中心地位。

朱熹作爲集大成者，既繼承又改變了其先驅周敦頤、張載（1020－1027年）、程顥（1032－1085年）和程頤（1033－1107年）的哲學遺產。他的業績可以和托瑪斯·阿奎那媲美，阿奎那借助於新發現的亞里士多德，綜合了偉大的經院哲學的哲學思想。

朱熹從周敦頤那裡擷取了對第一原則的理解：一切存在和形成的淵源。周氏使用的中文詞彙是「太極」，那是從儒家典籍《易傳》衍生而來的。「太極」也可稱「無極」。鑒於「極」字的多重含義以及否定詞「無」的意義含混的特性，「無極」既可以解釋爲「沒有終極」，也可以解釋爲「止境」。朱熹引用周敦頤的那段話從本質上講是對著名的「太極圖」的解釋，而「太極圖」據說源自道家。它通過圓周型的表相說明變化與形成的過程——太極也就是無極，從這個第一原則生成的兩種模式的變化：陰和陽，共時的動與靜的變化：

無極而太極，太極動而生陽，動極而靜靜生陰……一

動一靜，互爲其根……（《太極圖說》）

至此，這段語錄已然引出許多解釋上的困難。首先是無極，它又是終極。如果我們能夠將「無極」解釋爲沒有止境，即以否定的方式指示美德的豐盈，那麼我們才可以消除第一個難題。但是，中文裡這一詞彙又不排斥「沒有終極」的另一含義。這樣，它就成爲中國哲學中常常自相矛盾的同一體的例子。它被解釋成整個宇宙的力，同時它又是一個有機體，並且在宇宙中不是固定於某一方位，而是無所不在。我們不禁立刻聯想起帕斯卡爾（Pascal）對宇宙的論述，即中心無所不在而邊緣所在無處。

周敦頤並沒有明確說明太極僅僅是萬物的泉源，抑或它也經歷變化，他僅僅接下去說陰陽變幻產生五行：水、火、木、金、土——五行本身是變化的動因，而不是物質因素。五行和陰、陽的進一步變化結合形成乾坤，乾坤又生成宇宙間的萬物，而人是萬物之靈。周敦頤甚至沒有說爲什麼要有終極，也沒有假定太極就是絕對體，他僅僅一再說太極即無極。

爲我們廓淸這些問題的是朱熹。朱熹利用中國形上學著稱的否定法，解釋周敦頤的主張：

太極無方位無形體，無地位可頓放。若以未發時言之，未發卻只是靜……然動亦太極之動，靜亦太極之靜，但動靜非太極耳。故周子只以無極言之。（《朱子語類》卷九十四）

換言之，太極超越空間和形式的所有限制；從某種意義上說，它甚至超出了運動和靜止。然而，矛盾的是太極又被說成是所有變化和形成的源泉與原則——亦是靜止與被動的源泉與原則。太極即絕對體，但它並不離棄相對和變化，反之，它正是在相對與變化中發現自身。這是因爲存在與形成相互滲透，互爲因緣。這樣，朱熹的努力旨在導向建立一種世界觀，這一世界觀將存在的數不勝數的現象解釋爲源自同一淵源，即純粹的、不加區分的、作爲整體的現實。於是，太極——至大至全和至善至美，它代表的是人對神預言中的至高無上；無極——無終極、無止境，代表的是這一預言中的否定。太極、無極相結合，我們得到的是絕對體的兩極化的描述，即超越變化同時又寓於變化。

周敦頤和朱熹都認爲存在與形式的源泉與原則也是所有道德德行的源泉與原則。特別是朱熹，這一原則是內在固有的，又是超然物外的：它存在於宇宙整體之中，也存在於每一個造物之中：

> 太極只是個極好至善底道理。人人有一太極，物物有一太極。周子所謂太極是天地人物萬善至好底表德。
>
> （《朱子語類》卷九十四）

雖然太極寓於萬物之中，它並非「分裂」，仍是一種原則，一種眞實，正如「月在天只一而已，及散在江湖則隨處可見，而不可謂月已分也。」（《朱子語類》卷九十四）透過這樣的語言，朱熹證實了佛教華嚴宗和天台宗的哲學對他的影響。這兩個宗派宣稱「一寓於所有，所有寓於一」，教誨「絕對之倉廩」的整體性，絕對本身具有與其他萬物相關的性質。朱熹還讓人想起庫薩的尼古拉(Nicolas of Cusa)，後者以「並存的對立」（coincidentia oppositorum）闡說神。他說神是最偉大的，同時又是最渺小的，神寓於所有事物之中，正如所有事物又寓於神一樣。對於尼古拉，神是所有的智慧與美好的源泉，是各種事物可能性的最卓越的、普遍性的和創造性的統一，正像朱熹的太極。對於尼古拉，世界既無中心又無邊緣，除非我們將神看作是中心與邊緣——正像朱熹的無極。對於朱熹和尼古拉，宇宙是太極或不可見的神的映象，宇宙發源於太極，或神又徹底地依賴於太極或神。[8]

現代哲學家懷特海德更甚於尼古拉，他的神與世界的相互關係說，與朱熹的哲學更爲接近。引用懷特海德自己的話來說：

> 如果說神是永恆而世界流動是眞的話，那麼說世界永恆而神在流動同樣是眞的。
>
> 如果說相比之下神是一，而世界是多是眞的話，那麼說世界和神相比，世界是一而神是多同樣是眞的。
>
> 如果說神和世界相比，顯見眞實是眞的話，那麼說與神相比，世界顯見眞實同樣是眞的。
>
> 如果說世界寓於神是眞的話，說神寓於世界同樣是眞的。
>
> 如果說神超越世界是眞的話，說世界超越神同樣是眞的。
>
> 如果說神創造世界是眞的話，說世界創造神同樣是眞

8 關於庫薩的尼古拉，參 *Of Learned Ignorance*，第一部第四章。

的。

……

宇宙論的主題是所有宗教的基礎，這一主題講述的是世界的能動的努力化爲永存的統一，講述的是神的圖象的靜態的宏偉，它透過吸收世界的千萬次努力完成了它的完全的目標。[9]

周敦頤、朱熹學說中占主導地位的宇宙論主題由二十世紀儒家哲學家馮友蘭繼承下來。在馮友蘭看來，絕對體是道或天，其中一即所有，所有即一的道，超然的道，其實現爲太極和氣。

馮友蘭還用到另一個字：仁。他用仁來描述聖人的、完人的生活，他亦談及仁是促成天人合一的力量。仁人是天國的居民，在仁人身上體現了主體和客體的統一、自我和絕對的統一。馮友蘭堅持說，他的觀點的哲學性質並非宗教的性質；同時他又承認它們和神秘主義有相似之處——是哲學思辨本身具有的神秘主義。馮友蘭是從孟子、從朱熹、從其他偉大的新儒學哲學家那裡繼承下來的這一神秘主義。

同樣是在我們這個時代，德日進這位在中國居住多年卻未學過中國語言與哲學的古生物學家和神秘主義者，所主張的神的觀念是對尼古拉和朱熹的強烈反響；同時德日進又始終堅持歷史的觀點，這一歷史層面來自基督教神學的贖罪

9　參A.N.Whitehead, *Process and Reality*：*An Essay in Cosmology*（New York,1969），第410－411頁。

說：

> 神在所有地方顯現自己……成爲一種「普遍的氛圍」，這僅僅是因爲神是「終極點」，所有的現實均輻集於這一「終極」。
>
> 不管神的氛圍怎樣浩瀚，在現實之中它是一個「中心」。
>
> 創世者，特別是救世主已浸入萬物、滲透萬物。[10]

那麼，早期儒學裡顯著的人格神概念又怎樣了呢？朱熹拒絕了這一概念還是忘卻了它？

在華活動過的一些耶穌會傳教士顯然作如是想。他們讚美早期儒學，是因爲它肯定了人格神的存在；他們批評後來的儒學，聲稱它是「唯物主義」的哲學。

然而研讀朱熹的著作，就會發現絕非如此。當有人提出典籍中「天」字的解釋請朱熹回答時，他說這個字應按其出現的不同場合來理解。有些段落中它指的是蒼天，在另一些段落裡它用來指主宰，還有一些段落裡它的所指是理。[11]

朱熹在其他地方又說，蒼天在無止無休地旋轉——如在哥白尼的宇宙之中。他亦評論經典中對上帝的更爲擬人化的評述，解釋說雖然天上有人，但這個人是世界主宰的說法就不對了，然而沒有這樣的主宰的說法同樣是錯誤的。這樣一來，朱熹似乎是認爲天是某一神聖力量的所在地，他用同一

---

10 參 *The Divine Milieu*（New York, 1960），第91頁。

11 參《朱子全書》卷四十九。

詞來指至高無上的主宰，即上帝：

> 詩書所說，便似有個人在上恁地，如帝乃震怒之類。然這個亦只是理。如此天下莫尊於理，故以帝名之。惟皇上帝，降衷於下民。降便有主宰意。（《朱子語類》卷四）

於是，在朱熹心目中「天」和「上帝」兩個詞都是指某一高高在上的主宰——神。但是，朱子極力抹去這些詞的擬人性含義，同時又論定統治世界的某一神力的存在。他還把這一主宰的行動和理的運動等同起來——用他的話說，兩者都發於理，都與太極融會爲一體；而太極則是萬物的源泉與原則。儘管朱熹更傾向於神是形而上的絕對體而不是人格化的絕對體，但是對至高無上神的信仰則保留下來了。

㈡作爲心之絕對體

周敦頤、朱熹，甚至馮友蘭都更願意在外部世界尋找絕對體，並由此發現絕對體與世界之間相互浸潤貫穿的關係。另外一些中國哲學家則更願在自我經驗之中尋覓絕對體。這並不意味著中國人將自我和外界截然分割開，恰恰相反，中國哲學傳統裡沒有這樣的區分。尤其儒家哲學並未基於主、客體的邏輯區分來發展出確定的認知理論。然而，儒家的哲學家確然具有人與自然的二元論的一般認識。對「天人合一」的注重本身就是以這樣的二元論爲前提的，但是，一種超越主客二元對立的哲學認識調和並克服了二元論觀念。朱熹的學派是這樣，他的對立面亦是如此。如果說朱熹從世界出發，然後再論及存在於外界與自我之中的太極，那麼陸九淵（1139－1193年）等人則從自我開始，在以浸潤了所有客觀性的主觀意識來闡說最終現實。和屬於理學的朱熹哲學相對照，這樣的哲學稱爲心學。

從字源學上看，中文的「心」字是從火的象徵符號衍化而來的。作爲一個哲學名詞，心字在《孟子》裡尤爲常見，在佛教的大乘佛教經書的譯文之中也可見到，此處，心是指終極現實。佛教用語裡，有時是以否定的形式表達的，如「無心」，或者以基本物質的形式表達的，如「本心」。

新儒學哲學家重新賦予「心」字其原初含義——人的物質原則，同時又保留了佛教的形上學內涵。例如，陸九淵將「心」和朱熹的「理」等同起來。他還用心去指聖人之心，聖人則參與道（絕對體），參與道心：

> 千萬世之前，有聖人出焉，同此心，同此理也。千萬世之後，有聖人出焉，同此心，同此理也。東南西北海，有聖人出焉，同此心，同此理也。（《象山先生全集》卷二十二「雜說」）

王陽明是陸九淵哲學的後繼人，他繼續將形上學的理內在化。他也說心解釋了宇宙和人的意義，他不但把心和理，還把心和性（即人性和事物之性）等同起來。王陽明走得更遠一些，他更深入內心，並在心裡發現了不同層次的、深遠的意義和存在。他將心與本體認同，從而談到心的本體，而心之本體又進一步與天理和道認同。

> 這心之本體，原只是個天理。原無非禮。這個便是汝之眞己。這個眞己，是軀殼的主宰。若無眞己，便無軀殼。眞是有之既生，無之既死。（《傳習錄》卷一）

於是，爲了肉體本身的利益，人應當維護眞我，不要損傷眞我的本體。然後，當人摧毀了其「假我」——即自我作爲壁壘建立起來的架構，從前，他總試圖隱藏在這樣的壁壘之後限制自己的行動；當人淸除掉遮擋內視的自私之心時，他就會發現自身存在的深藏的核心。這樣，他將會改變，徹底地忠實於自己，忠實於置身其間的世界，遵循世界運行的自然進程，這終將引導他意識到完美，即絕對體在他自身的最終體現。

王陽明也用同樣方法表達了他對寓於相對和主觀的理解，即對人心之中的絕對體的理解。他以帶有神秘主義色彩的熱誠講述精神修養的過程，這一修養過程以悟的體驗終結，從實質上講即發現眞我。王陽明使用的語言使人聯想起基督教神秘主義，特別是埃克哈爾特。對於後者，「心靈的火花是神的映象之光，它總是照耀著神。」[12]

埃克哈爾特對神和神性的區分，可能爲理解新儒學的主觀絕對體提供了最好的類比，這一主觀絕對體體現在外界與人之間關係中日益加深的內向性。諸如「本心」、「本體」，甚至「仁」一類詞，按上述類比來說均指與儒家的「神」迥然不同的儒家的「神性」。神性是深藏於事物內心的，尤其是人內心的現實，而神則是神性在人的意識上的顯現。

從埃克哈爾特到王陽明，人們找到的是對所有事物合一的同等的注重。對於埃克哈爾特，是神人合一；對於王陽明，則是天、地、萬物合一；對於他們兩人，均是人的心靈

12　參 *Meister Eckhart*（London，1924－1931），8，第338頁。

體驗和反映這個合一，人心是這一統一的居所。埃克哈爾特講人「與神的血緣親情」，王陽明則認爲心是證明我們與古代聖人之間關係的那一滴血，而古代的聖人是天道的最優秀的模擬者。

埃克哈爾特以強有力的語言，用人的神聖化描繪了人與神的和諧統一，他講到靈魂悄悄離開肉體，進入純粹的存在：

> 這個「我」至此已減至純粹的虛無，除了神以外一無所有。然而，她（靈魂）甚至於照亮了神，正如太陽照亮了月亮；伴著神的滲透力，她流入了永恆的神性，在那永恆的流水中，神流入了神。[13]

王陽明的哲學和德國唯心主義哲學，特別是與謝林和黑格爾的哲學相互呼應；謝林和黑格爾的哲學體系對中世紀神秘主義教義作出了形上學的闡明。對於謝林，神是絕對的自我，它超越一切現實，同時又包容一切現實。對於黑格爾，神即絕對，它是無限的生命、眞理、思想和精神。黑格爾以辨證的過程來看待上述概念，將經驗世界中的有限物融匯進無限之中。

王陽明關於絕對的心學在其後繼熊十力（1885－1968）的思想中亦有體現。熊十力將終極現實（本體）和本心等同起來，還將本體和形上學意義的仁等同起來。這裡，原爲倫理道德美德的仁獲得了本體論的地位。仁是普遍的德行，它

---

13 同上，11，第366頁。

亦是現實、創造性和絕對的形成過程。

> 仁者本心也，即吾人與天地萬物所同具之本體也。至孟子提出四端，只就本心發用處而分說之耳。實則四端統是一個仁體。……無不直指本心之仁，以爲萬化之原，萬有之基，即此仁體。

中文裡，「仁」字是由「人」和「二」兩個字組合而成。它表達的是關係，是主體間的相互性。它已然絕對化了，但又未曾喪失某些相對性。這裡，熊十力和朱熹的二十世紀的傳人馮友蘭殊途同歸。馮友蘭的哲學以外界爲出發點，最終亦是超越了主、客體之間的區分，亦在外界和自我之中發現了絕對的「仁」。

㈢作爲關係之絕對體

儒學用來替代絕對體的衆多用語之中，「仁」字應當予以更充分的注意。最初，「仁」是指尊者對卑者仁慈的美德，到了孔子與其追隨者，這個字開始有普遍的德行含義；此後，它分別用來指人道、仁慈與愛。隨後，新儒學在衍化中又給予它以生機論的內涵，表示生命和創造力，但又未失去主導人際關係的普遍性美德這一本質性的內涵。在朱熹的和王陽明的體系之中，以及後來的馮友蘭、熊十力的體系之中，「仁」占據了中心地位，代表了倫理的、形上學的和宇宙論的各層次現實之綜合。[14]「仁」亦指人與宇宙之間的紐

14　參 Wing－tsit Chan，“The Evolution of the Confucian Concept Jen，*Philosophy East and West* 4（1955），第295－319頁。

帶。「仁」是「理」和「太極」。「仁」又是「心」和「眞我」。而且，「仁」始終是界定眞正的人的本質之美德。

基督教傳統中明顯的對應概念是慈善或博愛（agape）。然而，基督教博愛美德的詞義衍變之出發點不同。它始於《聖經》中包容的啓示：神即愛（《約翰一書》4：39）。基督教的愛是以人對神的愛的模仿來表達的，但它也在發展演變，意義引申以至包括恩惠、生命和人對神那愛的生命之參與。總而言之，它包容了同儒家的「仁」相同的兩層概念：愛爲美德和愛爲生命。在德日進的思想之中，基督教之愛甚至於隨著宇宙論的基督之學說起了變化，成爲宇宙的中心。愛具有現實之後隱慝能量和能動的意義。在談及事物的「內」、「外」之分時——這是一個非常東方式的觀念——德日進的論述蘊育著強烈的進化的衝刺：

> 由於愛的力量的驅動，世界的碎片相互尋覓以便世界可以形成。這不是隱喻，它遠遠比詩豐富……要想在「源泉」見到宇宙的能量，我們必須深入精神引力的內部的或輻射的區域之中，如果眞有事物的內部的話。
>
> 種種微妙形式的愛說到底不過是一條差不多是筆直的痕跡，它是由宇宙的物質的會聚印在要素的心上的。[15]

15　參 Pierre Teihard de Chardin, *The Phenomenon of Man*（New York, 1959），第291頁。

生命與人化（hominisation）。愛與其活力。人的與人格化的宇宙。這些言辭難道能不讓人聯想起新儒學的語言，尤其是熊十力將儒家的「仁」概括化的語言嗎？「仁」的概念代表的是理性的，同時又是情感的，內在的同時又是超越的，不變的同時又是能動的。的確，這一中國的詞彙隨著歲月的推移，容納了愛、仁慈、生命和創造力豐富的哲學內涵，它不正對深入理解基督教的神愛有著幫助與洞識的巨大潛力嗎？如前所示，「仁」最初是一種橫向關係的美德；它在深度和廣度上的引伸獲得了縱向的層次，成爲天人合一成立的緣由。

因而，正是在人際關係中儒家的哲人——聖人找到了美德與道德的意義，特別是愛的意義。從微觀世界延伸到宏觀世界，他發現在宇宙之內亦有同樣的愛的力量存在，它是宇宙創造力的緣由，在人和世界之中，愛即生命。由此，他又發現了絕對體，他將絕對體稱爲「天」。但他並未忘記自己的起始點——人際關係之領域。他一次次返回人際關係以重新發現愛、生命和絕對體。

「仁」字是人的意義與偉大的總和。它指向既爲人本身所有但又比人更偉大的屬性，它指向存在於人的宇宙卻又比宇宙更偉大的屬性。「仁」的所指是人際關係中天人的匯集。

四、現　狀

當今如果和典籍時代與哲學家時代出現了天淵之別，那麼關於儒學中神之問題的討論將會僅僅具有歷史的價值。因此，在繼續討論之前，我們必須回答下面的問題：在當代亞洲，儒家中神的信仰究竟保有多少相關性？早期的人格神之信念是否已被後來的絕對體之哲學觀念徹底取代？這一哲學的絕對體是否亦讓位於現代的現世主義，不論這種現世主義是否以馬克思主義的意識形態出現？

我們探討的相關性問題自然是和儒學的生存問題息息相關。這裡，我們切不可忘記現今東亞宗教形勢的地緣政治因素。以往，中國、韓國、日本與越南各國的儒家世界如今是由截然不同的政治體制（馬克思主義的和非馬克思主義的）所控制。另一方面，在南韓和台灣執政的政府則公開支持儒家價值觀念，並且繼續尊崇孔子。然而，中國的批判是否已然眞正滌蕩了儒家的影響，南韓和台灣的官方鼓吹究竟是否切實光大了儒家的影響仍未有定論。

鑒於儒學性質是彌散的宗教（如果我們可以這麼說的話）而不是組織嚴緊的宗教，可存性問題便愈爲難以斷定。這解釋了爲什麼儒學遇到攻擊便退避三舍，而失卻國家意識型態的地位之後它仍能有持續的力量。這也部分地解釋了爲什麼早期的概念可以延續到後來的歷史時期。一個有組織的宗教至少需要制度化的僧侶階層的支撐才能維持生命，而一個彌散的宗教從來不知這樣的支持爲何物，抑或不需要這樣的支持。作爲彌散的宗教之儒學已然與傳統的道德秩序不能分離，而這一道德秩序雖幾經滄桑卻繼續顯示出驚人的韌性。

看起來，人格神的概念直到二十世紀仍未泯滅，其體現一方面是官方的祭天禮儀，另一方面是民間對天上的主宰，有時也叫老天爺的崇拜。哲學家的絕對體概念似乎也依舊吸引著以重新闡述儒家傳統爲己任的中國學者的注意。誠然，老一輩的中國學者，包括胡適在內，他們傾向於強調儒家人本主義的現世內容，而後來的學者除極少數例外大都對儒學的宗教性質表現了更積極的賞識。這尤其是著名的《爲中國文化敬告世界人士宣言》的主題。宣言的簽署人指出「天道」與「人道」的同一是儒學的重要遺產，他們敦促西方漢學家對這一儒學精神性予以更多的重視。然而，這些學者對神之問題大都保持緘默。他們僅僅評論說早期儒學中神的人格特點逐漸讓超越的特性取而代之，諸如「天」或「天道」一類的術語正獲取了這樣的特性。

相反，中國大陸上馬克思主義的學者們卻指出儒學傳統中的宗教性，他們批評儒學的「形而上學的唯心主義」。他們看到所謂朱熹的「客觀唯心主義」與王陽明的「主觀唯心主義」之不同，但仍聲稱朱王二人均以闡發從孟子時即存在的儒學中的內在的、神秘主義的內涵爲共同目標。他們還斥責新儒學自我修養中的宗教——苦行主義的因素，稱之爲「僧侶主義」，斥責新儒學的形上學和倫理學爲「經院哲學」。他們甚至於使用「神學」一詞來稱新儒學的天和道的觀念。據他們說「天」與「道」屬於宗教迷信。[16]

至於王陽明，他們這樣評論說：

---

16 參侯外廬等編寫的《中國思想通史》（北京，1960），第四卷第二部分第905－912頁。

> 王陽明簡直是以通天教主自命了，「致良知」說便是一種「簡易」的教義，……從這種神秘的宗教的虛構講來，可以看出唯心主義最後必然和神學相通。[17]

楊榮國是最重要的儒學批評家，在其著作中這樣的批評在時間上向後推移，直到批判孔子本人的學說。楊榮國認為孔子教導的「仁」的觀念不過是稍前的「天命」的宗教概念的主觀轉移。按他的說法，春秋戰國時期（公元前722－222年）的整個思想史以無神論和宗教思想之間的鬥爭，尤其是儒法兩家的鬥爭為其特點。[18] 不過，1977年以後，楊的說法很少人接受的。

是否應當將這樣的解釋僅僅視為由太熟知的費爾巴哈、馬克思對宗教的批評的馬克思主義者所發的、對儒學傳統的一概而論的攻擊之結果？難道不可以將它們看作是表達了受西方分析方法（包括馬克思主義）訓練的學者所持的某種見解，因而他們更易於在悠久的中國傳統中發現絕對體的、神的以及宗教性的觀點？

五、我們是否有同一個神

我們是否有同一個神？至此，我們的假設是肯定的：耶和華是以色列人的神，也是普世的神，正如上帝代表商王室的神而引申為所有人的神；耶和華是人格神，富於權力和仁

---

17 同上，第904－905頁。

18 參楊榮國《簡明中國思想史》（北京，1973），第25－28頁。

慈，正像上帝是蒸民的父母。

當然也有區別。「耶和華」一詞暗含有自生（self－subsistence）的概念。中文因缺少動詞 to be，所以無法直接表達這一概念。雖然耶和華與上帝都被看作是生命的給予者和歷史的主宰者，但是，儒家傳統從未形成過無中化有的（ex nihilo）。創世的理論。後來，「天」字取代了「上帝」一詞，亦強化了內在性的方向和自發創世的觀念。此外，「天」字本身便缺乏人格性的意味，而其日益增多的使用則伴隨著這一詞彙自身的意義衍變——沿著神秘主義的、或許是「泛神主義」的方向衍變。同時，「天」字亦指一個至高無上的存在，和上帝差不多有同樣的特徵；這一所指的用法一直延續到今天。

當然，經典裡把「天」看作與生息繁衍以及人類歷史本身密切相關。天命說即可以說是與耶和華和他的人民所訂的契約相似，至少是部分相似。然而，耶和華變爲《新約》裡的神（Theos）時，愈來愈呈現出愛和同情的特徵，這由耶穌基督的歷史啓示來體現。而儒家的上帝與天沒有這樣的歷史。作爲天命的受惠者，傳說裡的聖王和歷史上的君主代表的是一種神的化身，但他們本人卻從未神化，他們中的任何一人從未像基督那樣聲稱自己是神的唯一的啓示。

的確，對於儒家，至高無上的神也就是處於形成過程中的事物（《易經》），超越的也就是內在的（《詩經》、《書經》、《孟子》、《中庸》），而神的概念本身就包容了許多自相矛盾的東西。實際上，自相矛盾正是典籍給予神衆多的名謂的原因，同時又不肯以大量篇幅討論神的本質與屬性，卻僅僅提及它的存在和力量。自然，除了其他表相，只每年由皇帝進行祭祀高高在上的神的祭天禮儀的持續便是天爲至高無上神的概念的延續之證實——天並不僅是蘊藏於宇宙中的終極現實的體現，更不僅是物質的蒼天。有意思的是，帶有高聳尖頂的哥德式大教堂成爲中世紀基督徒要接觸超越塵世的神之願望的象徵，而北京內城外的天壇則是一座圓形的「衆神之神」的高大建築——一座蒼穹覆蓋的大理石露天祭壇，神的祭奠。儒家世界觀看到神與人之間的連續統一——而且二者相互滲透貫穿，基督徒則堅持人神不同——神的「另一物性」。

儘管如此，儒家對天的崇拜是帝王一人的特殊權利，這一事實意味著人民大衆不能直接參與每年一度祭祀至高無上神的慶典。他們不得不滿足於較爲次要的祭祀，特別是對本地的神靈和祖先亡靈的祭禮。於是，如果天從哲理上看與人民較爲接近，從祭祀禮儀上看，它和人民相隔遙遙。當然，個人向天禱告從未被禁止，但是，它已制度化，而且我們知道的實例很少。

(一)神的歷史性

神的歷史性，意指基督教所理解的神向人的自我顯現的歷史特點[19]。但我認爲，神的歷史性標誌著基督教與儒學之間神的概念的巨大區分。

---

19 關於神的歷史性，參 Hans Küng, *Menschwerdung Gottes* (Freiburg, 1970)，第543－550頁。

我們不能說儒家傳統中沒有歷史性的「啓示」。事實眞相要複雜得多。儘管神爲上帝和天的知識是透過「自然祭奠」傳達給中國人的，但是，「自然祭奠」又似乎是基本上由聖王和其他具有神授能力的、幾乎是先知先覺的個人作爲中介。就連後來的新儒學哲學家也喜好引用《書經》的一段話，據說那是從古老的先秦典籍中的一章引出傳給後代的，即「大禹謨」。這一章節的眞實性值得懷疑——正如大哲學家朱熹指出的那樣。但是，其中那意義隱晦的公式體的表達卻受到一代代儒家思想家的尊重，其中包括朱熹等人以及日本和韓國的儒家。我指的是下面這十六個字：

人心惟危，道心惟微，

惟精惟一，允執厥中。（《書經》〈大禹謨〉）

衆所周知，這一「中心要旨」——聖人的秘密傳教，既是告誡又是敦促，它是以論及人的孰能無過和道的微妙含糊的二重性來傳達的，旨在鼓勵不懈的審愼和肉體的均衡。其隱含的意義是天人合一，即把天理解釋爲將宇宙聚斂在一起的力量、完美的存在與善。

這一啓示的歷史性當然有待於進一步確定。朱熹懷疑這段話的本文的可信性，但他仍在自己的哲學詮釋裡引用它，這說明他的側重所在是聖人啓示的理想化的特點。朱熹等人並未有意識地懷疑古代聖賢的歷史存在，但他和其他學者亦未將相傳下來的聖賢的啓示性教誨的歷史性視爲頭等重要。最重要的是教誨本身的意義。

當我們將基督敎傳統與儒學傳統相比較時，神對人的啓示的歷史性至關重要便淸晰可見——先是對西乃山的猶太人，然後是經基督向所有的人。神早先在西乃山上的啓示在某些方面可以和儒家聖賢的神聖的遺產相媲美。它的核心包含的是關於神、耶和華的教誨以及神與其選民的關係。它要求信仰和服從作回答。然而，歷史性的聲稱並不容易證實。

但是，耶穌基督是一個眞正的歷史人物。我們盡可以接受或否認據說是基督的聲言，但他啓示的歷史性如其詮釋者所理解的那樣，不能不爲我們留下深刻的印象。基督的一生，他的誕生、業績、死亡和復活都體現了這一歷史的啓示。儒學傳統裡有類似的啓示嗎？儒家聖賢教誨裡不是有救世說的層次，因而聖人不正是以從社會—政治以及道德淪喪中拯救世界爲己任的人嗎？這與佛教的佛性說不是亦有關係，佛不正是摒棄了自己的涅槃，以拯救他人嗎？

不錯，儒學與佛教都有救世的層次，雖然表現方式不同。然而，這一救世思想中獨特的歷史性卻並不存在。

佛教淨土宗阿彌陀佛（Buddha Amitabha）和阿喇耶多羅菩薩（即中國的觀音菩薩，原來的印度男性菩薩的女性化）的教義裡更容易發現上面談及的歷史性內涵。但是，佛教傳統從未對這一特定的救世主作任何獨特的歷史性的聲明。儒家傳統亦未有如是之說。孟子指出歷史上每隔一段時間就可望出一位聖人（《孟子》〈盡心篇堯舜章〉），但事實並非如此，並不能支持對啓示的獨特要求。

基督教與儒學對神的理解之不同在於耶穌基督其人以及他對於人類的意義。儒家傳統有許多聖人，即使大多數聖人都是傳說裡的人物。基督教有衆多的男女聖徒，但卻以耶穌基督爲神的唯一啓示，基督教帶有基督事件歷史性的特徵，這與儒學有孔子和其他聖人有區別。

儒學的核心是天人合一的學說，基督教的核心則是耶穌基督，他被看作是救世主，透過他，神以獨特的方式向人展示了自身。

第五章
自我超越：人之問題

一、概　論

有良知的生命有許多層次的深度。這裡有倫理的層面，牽涉到道德決定和實施德行，也就是涉及到人自身和與他人的關係；這裡也有更內在的生命，心或良心意識到自身的存在，它轉向神祈禱求助，抑或是在反省聖經的言辭中發現了歡樂。在基督教，通常把這一層面的生命認作是靈修學或是靈性的領地，因它關係到純粹的宗教經驗，關係到精神生活和靈魂中聖靈的活動。現在，越來越多的人承認這一領域爲東西方不同的宗教傳統提供了一個共同的匯集地，而過去，只有專門研究比較宗教學的學者才對此有興趣。因而，基督教的靈修學因獲得了對其他宗教的意識和知識而增加了自身的廣度與深度。今天，它不會再將其他宗教看作是劣等的，是「自然的」與「超自然的」對立。

在此，我準備勾勒出儒學「精神性」的基本輪廓——不僅是祈禱和靜坐之類的精神活動，而且還有靜坐引向神秘主義或是祈禱與民衆崇拜和禮儀的關係。人們常常以儒學爲實用道德體系，很少有人了解儒學的形上學，知道它的神秘性的人更少。我希望就此題目貢獻更確切的信息資料並廓清一些主要問題。我認爲對祈禱在儒學中的地位了解更透徹將有助於理解儒家對神的解釋。我亦認爲儒家的靜坐有明顯的倫理意向，對於基督徒它比佛教（禪宗）的靜坐幫助更大，因爲後者常常太孜孜於獲得神秘化的經驗。我相信儒家的祭祀禮儀與基督教的禮拜聖餐制度之間的區別將有助於解釋儒學與基督教各自的獨立發展引起的意義深遠的哲學和神學上的相同與差異。

海勒的不朽著作《祈禱》爲比較提供了兩個分明的模式：先知型宗教和神秘主義。所謂先知型宗教是指那些基於信仰神的啓示的宗教，它們對神的超越性予以認眞的重視，對倫理價值和戒律予以熱誠的關注；猶太教、基督教和伊斯蘭教都是如此。所謂神秘主義是指爲了靜思冥想無限和絕對的緣故而逃避世界，逃避自我；從本質上看，這正是印度教、佛教和道教所實行的。這樣的宗教強調以忘卻自我而超越自我，強調在人身上發現神。[1]

---

1 參 Friedrich Heiler，*Das Gebet*（Munchen，1921），第248－163頁。這裡不便詳細討論以海勒的模式分類研究儒學是否合宜。我要強調的是我僅僅指出早期儒學的某些特性，稱之爲「先知型宗教」，而且是嚴格地局限於海勒的類分方法。羅利（H. H. Rowley）支持我的看法，他在 *Prophecy and Religion in Ancient China*（London，1956）一書中雖未提及海勒卻是這樣分類的（見第120頁）。羅利還特別提到 E.R.休斯（E.R.Hughes）和 K.休斯（K.Hughes）合著的 Religion in China（1950）。此書作者認爲孔子是一位先知，「正如我們在《舊約》中讀到的先知那樣」（參 Rowley，第2頁）。這裡我還要說明我不同意韋伯（Max Weber）的論點：「從來不曾有過一個超越現世的神提出倫理要求的倫理預言。」（見 *The Religion of China*，New York 1964，第229－230頁）我認爲中國既有倫理預言又有超越現世的神的信仰，然而，中國的先知們沒有直截了當地以這樣一位神做如是說。即便如此，哲學家墨子亦是一個例外。

海勒將這兩大原型對立起來並抬高先知型宗教貶低神秘主義，因而受到批評。但是，他並未忽視先知型宗教中存在的神秘主義傾向或神秘主義中的先知預言。通常（雖然不是一貫如此）他總要避免那些以爲一種類型優於另一種類型的神學假定。另外，應用這兩個模式亦有助於使不同宗教傳統及其虔誠的表現方式的各自特徵愈爲鮮明。例如，基督教和佛教禪宗相比便提供了最顯著的對比鮮明的例子。基督教的精神性體現在對基督啓示的信奉之上；基督教的祈禱，即使是帶有神秘色彩的祈禱，總傳達出對超越的神及神的恩惠的信仰。反之，禪宗的靜坐以精神生活的自力(日文：jiriki)的頭等重要爲理所當然。神是否存在的問題無關宏旨。禪宗注重的是在神秘主義的經驗中努力尋求內在的覺悟。

利用這些啓示性的模式是否對理解與基督教相比之下的儒學有任何幫助？乍看起來可能會有疑竇。明白易見的問題是：儒學究竟是不是宗教？如果是的話，它是不是可能更屬於「先知型」而不是「神秘型」，鑒於儒學常常講到聖人、孔子、孟子和古代的聖王，鑒於儒學崇拜天又極力強調倫理和社會問題？此外，儒學對於祈禱與神秘主義不是僅有些微的興趣嗎？它是否曾衍生出眞正的神秘主義？

儒學究竟是不是宗教？這裡不可能長篇大論地探討這個問題，我希望在本書的每一章裡我已然爲回答這一問題提供了一些線索。但我認爲檢討一下祈禱、靜坐、神秘主義以及禮儀在儒學裡的位置將有助廓淸儒學宗教性的本質。儒學的宗教性是否更傾向於先知型而不是神秘型？我不準備爲證實任何一種模式而提供證據，我只想提請讀者注意前面幾章裡我已經論及的問題，如儒學中的信仰和神啓的存在，形上學絕對體概念的發展，而這一絕對體幾乎取代了人格神。此外，這一問題的答案應當在本章要進行的分析研究過程裡出現。我們將看淸祈禱通常與儒學中的禮拜習俗有關——儒學的「先知型」傾向之證明；而靜坐，甚至於神秘主義經驗則更將儒學拉向「神秘主義」宗教。這樣，即使神秘型、先知型的類分法並不完全適用於儒學與基督教的比較研究，它仍然可以幫助我們更好地理解儒學的宗教內容。

㈠祈禱：與神對話

如果沒有某種形式的祈禱和靜思冥想，世界上的偉大宗教傳統就不會有精神上的進步。對於基督徒，「祈禱」一詞（希臘文爲：dialechis；拉丁文爲：homilia, conversation）通常是指與神交談，抑或傾心於神。這兩種定義都暗喻著二重性的存在，即以卑者尊者關係出現的人神關係的存在。《舊約》、《新約》裡都有證據證實這樣的特徵，在這樣的交談裡，卑賤的一方是一個人或是一群人，如以色列人或基督的門徒。《聖經》裡，祈禱通常是懇求，不論是乞求恩惠還是乞求原宥（《詩篇》，74：1，51）；祈禱亦有毫無功利利害的崇拜和感恩（《歷代志上》，29：11）；有時，祈禱亦是心碎的抱怨甚至是指控，如約伯（16：6－17：16，23：2－17）或是釘在十字架上的基督（《馬太福音》，27－45，《馬可福音》，15－34）。此外，對於基督徒，《新約》裡基督的禱文是祈禱的最好範例，譬如登山訓衆宣講我們的父親（《馬太福音》，6：9－15，《路加福音》，11：1－4）和在客馬西尼的講道（《馬太福音》，26：39，《馬可福音》，14：35，《路加福音》22：41）。祈禱還暗示了乞求者或崇拜者的基本態度：對神愛充滿信心和對神的敬畏。

儒學亦有祈禱的傳統，尤其是在聖王時代，儒家經典可做證明。他們的祈禱傳達出對上帝、天或兩者的至高無上人格神的信仰；上帝和天在由後土、社稷、山神、河神以及祖先亡靈構成的神的等級秩序中高高在上。《詩經》可能是這種個人祈禱的最豐富的材料源泉。這樣祈禱源出禮拜儀式，和《詩篇》中的許多祈禱可以媲美。不論是將神稱爲上帝還是天，它總是因其偉大與其統治權而受到讚美，在神前，人必須嚴守敬仰的態度：

皇矣上帝，臨下有赫。（《詩經》〈大雅·文王之什·皇矣〉）
蕩蕩上帝，下民之辟。
疾威上帝，其命多辟。（《詩經》〈大雅·蕩之什·蕩〉）
敬之敬之，天維顯思。
命不易哉。
……
陟降厥土，日監在茲。（《詩經》〈頌·閔予小子之什·敬之〉）

乞求神的福佑和保護或是由王爲自己和其子民，或是由王的臣民爲王，下面就是後一種祈禱：

天保定爾，亦孔之固。
俾爾單厚，何福不除。
俾爾多益，以莫不庶。
天保定爾，俾爾戩谷。
罄無不宜，受天百祿。

降爾遐福，維日不足。(《詩經》〈小雅‧鹿鳴之什‧天保〉)

雖然神高高在上，權力無限，超越現世，但他仍是黎民百姓的父母。在悲苦危難之際，祈禱便染上充滿情感的指責與抱怨的急切，它是發自內心的呼喊：

悠悠昊天，曰父親且。

無罪無辜，亂如此憮。(《詩經》〈小雅‧節南山之什‧巧言〉)

昊天不庸，降此鞠兇。

昊天不惠，降此大戾。

不吊昊天，亂靡有定。(《詩經》〈小雅‧節南山之什‧節南山〉)

瞻仰昊天，雲如何里。

……

瞻仰昊天，曷惠其寧。(《詩經》〈大雅‧蕩之什‧雲漢〉)[2]

孔子對這一祈禱的傳統有何貢獻？孔子聲明他不願談論某些宗教問題，如生死鬼神(《論語》〈先進〉)。但他並不是宗教的反叛者。他與其同時代的讀書人有著同樣的宗教信仰，認眞地參與祭祀禮拜活動，尤其是祭祖禮儀。他的抱負旨在「覆古」，即使古代及其遺產變得對現代有意義與現代有聯繫。中國傳統都這樣講，孔子親手修訂了古代聖王傳

---

2 像這樣無辜之人的怨恨——這一章裡無疑是位王——可以和約伯受難時向神抱怨相比(參《舊約》〈約伯記〉，23－24)。論約伯的抱怨可參考 Kierkegaard，*Wiederholung*(Dussedorf，1955)，第68－69頁；Ernlst Bloch，*Atheismus im Christentum*(Frankfurt，1968)第148－159頁。

下的經籍。雖然我們不能從字面意義接受這一說法，但是我們有完全的理由斷言，孔子和這些經典有密切的聯繫，他尊重它們，而且正是因爲孔子它們才流傳下來並有了令人心儀的價值，儘管許多經籍是在孔子逝世後才最後定型。

沒有文字記載孔子的長篇祈禱。按照儒家所接受的官方的禮儀，即對至高無上神（上帝或天）的祭禮，完完全全是中國統治者的特權。許多冗長的禱辭都和這一祭禮有關。但是，個人向神祈禱的禱辭卻很少流下來。儘管如此，我們有證據證實孔子在私生活中曾向神禱告，特別是在危難憂傷之時，如當孔子的得意門生顏淵夭折之時，《論語》記錄下孔子極度的悲傷和沮喪：「天喪予！天喪予！」（《論語》〈先進〉）

對於基督徒，信仰神的生活（像謹守神的十誡所示）是恆久祈禱的最好表示。同理，對於儒家，正直人的生活本身便是一種祈禱，是信仰神和信仰神靈的一種表示。它無疑比特定的禱告或贖罪更有價值。從這一角度出發，我們可以理解當孔子染病弟子子路請假爲老師祈禱時孔子的反應。初問之下，孔子頗爲驚訝，他問到：「『有諸？』子路對曰『有之。誄曰：禱爾於上下神祇。……』子曰：『丘之禱久矣。』」（《論語》〈述而〉）

當然一個獻身於聖賢之道和完美品質的人必然會這樣回答。這也是一個這樣談論自己的人：「吾，十有五而志乎學；三十而立；四十而不惑；五十而知天命；六十而耳順；七十而從心所欲，不逾矩」（《論語》〈爲政〉）的必然回答。這就是孔子的精神生活和精神發展過程。

(二)神秘主義：孔與耶

可以透過言語亦可以透過心智與神傾心交談。而閱讀聖經一直被認為有助於與神交通。《新約》向我們提供了基督閱讀猶太教經典的習慣（《路加福音》4：17）和他對經典十分熟悉的明證。對於基督徒，《聖經》和聖餐禮拜一直是精神生活的主要源泉。靜思自省通常意味著對《聖經》的反思性閱讀或祈禱式反思，它是對字句和故事內在意義的尋求，以期透過基督影響皈依（metanoia）神，接近神。早期基督教時，禮拜常為祈禱式反思提供精心選擇的章節，正如猶太教徒的集會之於猶太人。這一習俗使得各種內心祈禱的方式得以逐漸發展，尤其是在修道院生活之中。例如本篤會教徒便發展了他們自己的精神閱讀（lectio divina），按全年的禮拜組織安排。

祈禱傾向於簡單化，而神秘主義則代表了這一簡化傾向。希臘文的 mystikos 衍生於動詞 muw，意為「閤上、關上」，有閉上眼睛的意思。最初這個詞和神秘的宗教儀式有關係，後來它有了神秘的、奧秘的引申意義，有了儀式神秘的引申意義。[3] 隨著五世紀偽托狄奧尼修（Dionysius）所撰的論神秘神學的著作出現，這一詞彙進入基督教神學用語，它的含義是指一種直接的或即刻的與神結合，是心智祈禱的較高層次，其間，人的整個身心不僅僅是他的心智，在

---

3 參 Louis Bouyer，“Mystisch：zur Geschichte eins Wortes”，*Das Mysterium und die Mystik*，第57－60頁。

一特定的、不尋常的經驗中體驗到神。[4]

海勒認爲，當我們把神秘主義和先知型信仰對照來看時，才能更好地理解神秘主義。按先知型信仰，祈禱一向是關係不平等的雙方，人與神的交談。神秘主義期待經驗高一級的意識以逃脫日常生活，而先知型信仰把神解釋爲生命的賦予者，它肯定生命的歡樂和堅定。神秘主義傾向於對倫理漠不關心，愛禁慾勝於道德，而先知型信仰視道德行爲爲實現神的意志。神秘主義傾向於：個性化、非社團化，而先知型宗教則注重社團和社會組織。神秘主義堅持所有心理活動的一致性和簡單化，這是通過與世隔絕、壓抑情慾以至在經歷神的經驗中人神之間的障礙消失而獲得的。另一方面，先知型宗教在經驗到恐懼與希望、危難與信任、懷疑與信仰，在無時無刻無休止的人神距離的意識中顯示了持久的二元對立。神秘主義尋求的是沈默的自足的神，deus absconditus，而先知型宗教讚美的是創造者，deus revelatus，他在自然與歷史中揭示自己的意志。[5]

在繼續討論之前，也許思考一下下列問題頗爲有益：《新約》對神秘性祈禱做何說？基督本人是否是神秘主義者？抑或他是否曾教誨他人某種神秘主義？

回答這些問題並非易事。福音書給我們提供了基督祈禱

4　參 Cuthbert Bulter, *Western Mysticism* （New York, 1966），前言和第181－186頁。

5　參 Heiler，第248－263頁。

的例子，但並未提供任何神秘主義傾向的證據。《約翰福音》有一段基督臨死前一夜所講的長長的一段話（第13－17章）這最後的演講也是基督的祈禱。這段話有些稱得上是神秘的回響，它們涉及基督與天父的合一。然而這段話的歷史眞實性令人懷疑；它的現有形式可能是後人神學闡述的努力，這種神學理論的闡述源自希臘文化的世界。

《新約》裡還有其他一些章節亦提及基督的祈禱，但未說其性質與內容。據傳，基督曾在沙漠荒原度過了四十個日夜（《馬太福音》，4：1；《路加福音》，4：1）。據記載，他還常常在深夜獨自一人禱告(《馬太福音》，14：23；《馬可福音》，6：46），或是和幾個挑選出的門徒一起禱告（《路加福音》，9：28）。這樣的文字記載鼓勵基督徒做私下的、內心的祈禱，並尋求與神的密切結合。但僅此而已。通常的看法是，雖然基督教產生過許多偉大的奧秘，但它從本質上講卻不是神秘主義的宗教。基督教的基礎在於信仰基督及其教誨，而不在神秘祈禱獲取對神的主觀經驗。不論《新約》有多少神秘主義的暗示，它們和信仰說的中心地位相比，都是次要的。基督教是「先知型宗教」，它和猶太教、伊斯蘭教等神啓宗教有更多的相同之點，而與希臘人的、佛教徒的、道教徒的神秘主義宗教相比，相同之點要少得多。

那麼，孔子和儒學又如何呢？孔子是否曾靜坐冥思、內心禱告過？儒學是否有神秘主義的傳統？

衆所周知，孔子曾孜孜不倦地學習經典並傳授經典。毫無疑問，他曾思考過字句文章的涵義，力圖使它們不僅對自己，還對他的同時代人、對他所處時代的社會產生相關的意義（參《論語》〈爲政〉，〈衛靈公〉，〈述而〉）。然而，對於孔子這樣的閱讀和學習使他與古代聖賢建立起精神上的聯繫成爲可能，但卻不是與上帝的聯繫（《論語》〈述而〉，〈泰伯〉，〈子罕〉）。所以，沒有什麼根據可以稱孔子是神秘主義者，雖然道家著作《莊子》曾不無諷刺的這樣提過。《論語》曾描述孔子處於一種思辨的心態：

> 子曰：「予欲無言。」子貢曰：「子如不言，則小子何述焉？」子曰：「天何言哉！四時行焉；百物生焉。天何言哉！」（《論語》〈陽貨〉）

這是我們所有的最能說明孔子神秘主義傾向的證據。然而，這段話的歷史眞實性卻難以確定。

無論如何，儒家學派確然有其深沈的宗教性，甚至神秘主義的傳統。《詩經》和《書經》都向我們揭示了古代的聖王是與上帝或天對話的參與者，他們接受來自上帝或天的教誨和命令，向上帝或天乞求恩惠和保佑。但是，和失落於對神的思辨的神秘主義傳統相比，儒學更接近於猶太王和先知的傳統。《孟子》和禮儀著作的某些篇章並非只講禮儀本身而更多是在講心智的內向傾向，這裡，我們更容易發現儒學的神秘主義傳統。

二、儒學的神秘性

如果說孔子的形象是位先知，那麼孟子的形象卻是神秘主義的導師，也是道德再生和政治改革的導師。孟子暗示心中有比心本身更偉大的存在。據孟子講，知心、盡心導致了知性和知天。他說：

> 盡其心者，知其性也；知其性，則知天矣。存其心，養其性，所以事天也。夭壽不貳，修身以俟，所以立命也。（《孟子》〈盡心〉）

如果《孟子》指示了內向性和神秘主義的一面，卻未曾涉及靜思內省的主題，那麼，儒家的禮儀著述則同樣指明靜思內省的普遍傾向，卻未論及其方法和技術。它們呈現的是與取於《詩經》的例子所揭示的大不相同的儒家精神性的畫面。有時，人們說它們代表的是道家影響對儒學的侵襲滲透。然而，中國傳統已然接受它們是儒家遺產的一個重要組成部分，這些著作的某些部分，特別是《中庸》的某些章節後來亦促成了新儒學靜思內省的一個特殊形式——靜坐。我們將在分析這些禮儀著述的證據之後再來討論這一題目。

㈠感情和諧與靜坐

禮樂一直被人視爲儒家道德與社會秩序的兩大基石。它們亦是人的精神存在的主要支柱。雖然《樂》已然失傳，但《禮記》裡仍有一章論及音樂，讚頌音樂是內在平靜與平和的助力，而內在的平靜平和本身是雅樂和諧的反映。這一章講到「人生而靜，天之性也」（《禮記》樂記）。在成長過程中，人受外部影響作用，以表示「好惡」作爲反應。除非好惡是受到內在原則的適當制約，否則人就要冒異化的風險，可能會成爲原始的、內在的自我的陌路，從而失去其「天理」。這時，是音樂的功能，與禮儀合力來幫助人維護或重建人的內在和諧，這一內在和諧應當是天地和諧的反映，是善念善行的淵源：

> 樂者敦和，率神而從天。禮者別宜，居鬼而從地。故聖人作樂以應天，制禮以配地。禮樂明備，天地官矣。（《禮記》樂記）

感情的和諧和肉體的平衡——均衡相稱的和諧並非全無感情——成爲儒家精神性的基石，儒家靜思內省的本質。然而，這樣的靜思內省是否就是「祈禱」——它是否將人帶入與神的聯繫之中？我們記起禮儀著作受到哲學家荀子的許多啓發，而荀子是位公開宣稱的無神論者，他賦予「天」字自然主義的意義，這時問題就變得愈加複雜了。顯然，只有當這樣的靜思內省向超越的神敞開時，才能稱其爲祈禱。在此，《中庸》可能有所幫助。《中庸》論及心靈的兩種狀態：未發的狀態，即感情發生前的狀態，和已發的狀態。按《中庸》的說法，中處於激發起的感情達到和諧類於前一狀態的平衡。它接著講，這種和諧使人接觸了生命的過程和宇宙中的創造力：

> 喜怒哀樂之未發，謂之中；發而皆中節，謂之和。中也者，天下之大本也；和也者，天下之達道也。致中和，天地位焉，萬物育焉。

這一段裡沒有提到神，天的意義也不淸楚。然而，這裡明白地表達了感情和諧使人趨向比其自身更偉大的存在的信念。這更偉大的存在是什麼？感情的和諧又如何取得？文中卻未說明。此外，又出現了另外的問題：感情和諧與閱讀學習經典著作有什麼關係？儒家的靜思內省是否是全然獨立於經典，而基督徒的靜思內省則極力強調對《聖經》的反思性、祈禱式的閱讀？這些問題的答案可能會使我們領悟儒家靜思內省的性質、後來的發展以及對祈禱和神秘主義問題的特殊貢獻。

當然，聖人的弟子門徒以專注和崇敬的態度閱讀經典，正像孔子那樣。加之，這樣閱讀和學習人人景仰的書籍是儒家自我修養的重要組成部分。例如，朱熹的《語類》不憚其煩地指導人怎樣做到這樣的閱讀。但是，說到底儒家的靜思內省並非源於閱讀經典著作，像基督徒閱讀《聖經》而導致內省那樣。儒家表示靜思內省的詞是「靜坐」，它有強烈的道家和佛教的影響意味，和莊子的「坐忘」、禪宗以及禪宗的「坐禪」(dhyana)有關。我們知道，許多中國宋、明時期的新儒家和李朝韓國、德川幕府日本的新儒家都有一定的佛教禪宗的訓練和經驗。即使在他們從思想意識上與佛教絕裂以後，他們仍繼續做簡化了的靜思內省。這種形式是「坐禪」、「公案」與「悟」的自由組合。爲這一實踐所做的關係最遠的準備過去是、現在仍是道德上正直的生活；直接的準備則一直是平靜的心境。通常要求端正挺直的坐姿，無論是坐在椅子上還是像佛教徒那樣在蒲團上盤腿而坐。在進行的過程中還要注意控制和調節呼吸。朱熹親筆寫了一篇著名的調節呼吸方法的文章，他推薦注視「鼻端白」(《朱子大全》卷八十五·調息箴)。最早這是道家的技術。爲了避開外界刺激，還應當控制感覺，心集中於自身，要排除一切雜念以取得意識和意識客體即人的內在自我的統一與和諧。

儒家的靜坐在發展過程中獲取了與道家和佛教靜坐不同的特點。儒家更爲強調道德自我的知識——即了解自己的長處與弱點，以便自我完善，在行善去惡中變得更完美。儒家講究存天理去人慾，甚至於有時要在平靜中做到「無慾」。然而，儒家的內省絕不單是良心的審查。它無疑是透過廓淸自我和慾望而導向一個更高層次的意識。人神之對話並非其本質，感情的和諧才是。做爲一種內部專心致志的形式，儒家的內省界於其他兩種形式之間：推理思想的理智的專致和保證無思的道德的專致。儒家的內省尋求平靜卻不損害人的天性，它並不要求達到一種理智和情感均無動於衷的狀態。思想可以來亦可以去，除非人注意它們，否則它們不至於成爲干擾。

儒家的內省是在一個沒有僧侶制生活的宗教傳統中發展形成的。從本質上看，它代表的是俗世的精神性。儒家神秘主義是這樣一種人的組成部分，即他們知道如何統一行動與思辨、和統一外部與內部。儒家視其外在活動爲其內在態度和其心願淵源的眞切表露。儒家並不是爲悟而求悟，而是爲他人的神秘主義者。儒家的神秘主義可以使人看淸內在天理之深奧的、能動的特性：有了這一天理，鳥兒飛翔、魚兒游水、人類熱愛美德。這是人與天地萬物合一的眞正意義。同時，它又是深沈的歡樂之源泉。因爲正是由於在人的生命之源滋育自己，人才成爲眞正純粹的人，煥發出內在的活力與能量。正如孟子所說：「萬物皆備於我矣。反身而誠，樂莫大焉。強恕而行，求仁莫近焉。」(《孟子》〈盡心·萬物章〉)

儒家之神秘向他人開放，佛敎之神秘則傾向於返回自身；儒家之神秘支持倫理價值，而佛敎禪宗之神秘趨向於道德意義不明。人與萬物合一這一命題可以有而且已然有各種不同的解釋。例如，可以推衍出從神秘主義者超越了善惡是非界而產生了倫理價值上的冷漠。[6] 在儒學中，這一命題可以用以表明一種既是神秘主義的同時又是倫理道德的心態。儒家取得了超越物我區分是透過將仁、愛從自我和身邊之人推及天下衆生。儒家的神秘主義正是獲得仁與愛的最高成就。這一成就使人置身於宇宙的生命和創造力之中，它與淨土宗和淨土宗博愛說有一定的親緣關係。它和基督教神秘主義亦有相近之處，因為後者也沒有忽略人的倫理道德責任。

確實，儒學推崇人與他人之間、人與宇宙之間的關係。這一關係亦是比人更偉大之物的體現。儒家哲學透過內在達到超越，透過人達到神。正是因為這些原因，儒家的仁一詞才孕育了豐富的涵義，它是美德、生命、創造力，甚至還是絕對體。因為正是透過人際關係，儒家在生命之中和隱藏在生命之後發現了唯一的現實，作為生命動力的愛以及萬物存在的唯一解釋。而儒家的神秘主義又一次將人領回人際關係和日常的為仁，在此之中並透過此，人一次又一次地發現了絕對體的存在。

㈡儒家靈性的主動與被動

對於那些不了解儒家傳統、不了解改變了儒家傳統的佛教影響的人，「修」字和「悟」字可能會顯得很陌生。「修」字是指中國人實行的「學習」，即《論語》、《孟

6 參 R.C.Zaehner, *Our Savage God* (London, 1974)，概論及第三、四兩章。作者還在第197頁特別提到儒家對神的態度「既是人的也是人道的」。

子》、《大學》裡常常講述的心智和道德的努力過程。「修」字還是「性格之形成」，這是《大學》和《中庸》裡的重要教誨。另一方面，「悟」並不相等於十八世紀歐洲與蒙昧時代相對而言的啓蒙運動。「悟」是指《大學》、《中庸》、《荀子》、《莊子》中提到的「明」，指《孟子》、《莊子》和佛教裡講起的「覺」。在佛教裡，「覺」等於梵文的 vidya（知識、佛的智慧）和 bodhi，即心靈覺悟到眞理的眞義。「修」與「悟」之相對先是在佛教精神性中得以體驗，然後才在新儒學的經驗中得到反映。很明顯，修一直存在於儒家意識之中，而悟和道教、佛教的聯繫更深，是後來因道教、佛教的影響深入新儒學才變得重要起來。

在很大程度上，修代表的是更爲主動或「自覺自願」的同感，而悟代表的是更爲被動的或神秘的親和。表面上看，修與悟的對立似乎近似於禁慾主義與神秘主義的對立、自力與歸順恩惠的對立。但是，修—悟對立還代表著神秘主義追求本身就有的一種內在的對立。「修」的方法有時意味著信仰與信心的基本態度，樂於等待光明的基本態度，甚至於在黑暗中和等待中發現光明的基本態度，因而它暗指某一下意識地依賴一種更高的力（日文 tariki，他力）的形式。反之，「悟」的方法可能需要的是透過自力（日文 jiriki）的一種突發的、物理的經驗之誘發。此外，兩種方法，即修與悟中都可以有信仰存在：對悟之可能的信仰和悟代表的超越之意義的信仰。這樣的精神經驗的基本重要意義便在於此：開拓了超越的廣闊地平。

儒家內省和神秘主義中的修與悟的對立，和基督教對

「寂靜」的被動和自願的主動的爭論一樣，突出了所有要求在自我超越中尋求最高層次的完美的人遇到的根本問題。這是「依附」還是「分離」的問題，即依附神並與自我分離或是反之。其間的困難涉及在自我深處觸及的精神經驗十分微妙。基督徒可能會問：依附是否眞是依附神，抑或是依附完美本身，甚至是依附對神的體驗？當完美成爲目的，自私的重負又回歸於心靈。當爲經驗而尋求經驗，經驗可能會空洞得失去眞正的內容。儒家——禪宗的佛教徒更甚——可能會思索他究竟是意在悟而不是意在忘我。依附於悟亦可能給心靈戴上枷鎖，限制心靈超越自身的努力以至自我沈迷取代了任何可能形式的忘我。正是爲此，佛教和儒家的宗師都把眞正的自我修養描繪成接近於「無修養」——暗示了遠離自己內心深處之慾望的必要的態度。無論如何，天理寓於人的內心，它是主動的亦是能動的。聖人的弟子只需注意天理的存在，而天理最終會改變他的生活，由內及外，從其內心延及外在行爲和直覺反應。這便是儒家大師的經驗，這亦是基督教神秘主義者的學說。

的確，所有宗教中偉大的神秘主義者都有共同的神秘的追求之經驗，譬如等待、挫折和歡樂。即使有時他們在準確的神學解釋上有不同見解，他們都在各自的神秘主義經驗中發現了共同的相遇點。有些基督教神秘主義者，他們是基督教先知型宗教的繼承人，也是新柏拉圖主義神秘哲學的繼承人。他們是這一共同的神秘主義經驗的適宜的解釋者，是神秘主義經驗中觸及的內在性和超越性的適宜的解釋者。奧古斯丁（St. Augustine）便是其中之一。多姆·巴特勒（Dom

Butler）在其《西方神秘主義》（Western Mysticism）中提到奧古斯丁對神秘主義祈禱的描述：Mens meapervenit ad id quod est in ictu trepidantis aspectus（在顫抖的一瞥的閃爍之中，我的內心回到了存在）。[7] 巴爾特勒從這句話裡推論出對超越的現實、絕對體（對於基督徒來說即爲神）的經驗性知識。他還指明這樣的經驗，尤其是狂放的喜悅的某些效應。他評論說，《聖經》以及奧古斯丁、格雷戈里（Gregory）和伯納德（Bernard）描述這樣的經驗所用的語言是肯定的、充分的語言，後來人大約是受僞狄奧尼修的影響偏愛否定的語言，使用了黑暗、虛空或虛無等詞彙來代表這一經驗和絕對體。於是，一方面神秘主義經驗喚起了神的內在性——內在的神；另一方面它又傳達了神的超越性和另一性，這在埃克哈爾特、雷斯布羅克（Ruysbroeck）、聖十字的約翰（John of the Cross）的書中亦有所見。

再者，所有的神秘主義者都講到離心性冥想與全心集中，在那裡體驗到內在性，認識了超越性，這一點有人叫它心智，有人稱它心：mens。正是在此處人遇到比自身更偉大的、比人心更偉大的但又寓於人心的存在。正是在此處人發現了絕對體的精神之鏡，神和神之形象的聖殿。卡爾·瑞內（Karl Rahner）特別稱神秘主義者爲心之人：

德國神秘主義常常稱其理想的人爲「心之人」

7　見奧古斯丁《懺悔錄》第七卷，23。引自 Bulter，Western Mysticism，第47頁。

> （innig），「泰然自若」（gesammelt）之人，即他的全部活動是其內心深處和最深沈的重要決定一覽無遺的表露，因而，他在這一內心深處是泰然自若的，不受任何游離其決定之外的事物的侵擾。[8]

三、宗教儀式問題

公開的儀式是宗教生活的根本的一部分，它表達了社團共同的信仰。無論是在儒學還是在基督教，公開的儀式都與祈禱、內省甚至神秘主義緊密相連。本書引用的大部分儒家聖王的禱告大約都出自宗教儀式。閱讀經典本身以及思考神的話語也總是和公共的崇拜有關——不論是作爲精神的有機部分還是作爲其延申。牽涉到神秘主義時，話語本身即出於儀式的場合，即便話語所指的經驗指向越來越是極端的隱私的個人的事物。無論如何，尤其是在基督教，人們常常主張神秘主義經驗產生於對「奧秘」（Mysterium）的信仰，也就是說，社團的信仰，這一信仰特別是在宗教儀式中表現出來，尤其是聖餐儀式。

許多基督教教會裡，某些儀式稱爲「聖禮」。這個詞不是從《新約》的希臘文衍生的，而是從拉丁文裡表示士兵的誓詞或初入禮的詞衍化而來。這也許和聖禮之一洗禮有某種關係：洗禮是初入基督教生活的聖禮。無論如何，今天在神

---

8 參 Karl Rahner，“ The Theological Concept of Concupiscentia ”，*Theological Investigations*（Baltimore，1960），第一卷第374頁。

學裡這個詞意指某些官方認可的公衆崇拜形式。人們大都相信聖禮制度是一種手段，利用它，人的最褻瀆的行爲和表達了人爲生存和營養而對物質世界的完全依賴的行爲都奉獻給了神這個所有生命和物質的創造者。爲了和儒學做對比，我準備只提在儒學裡能找到對等儀式的聖禮。我指的是聖餐、洗禮(加上堅信禮)和婚禮。但我仍要略談一下葬禮和祭奠死者的禮儀，因爲在儒學裡它們有非常重大的意義，儘管在基督教它們不爲人視爲「聖禮」而僅僅是「像聖禮的」(在天主教)，即祭祀的祈禱和行動以某種方式和聖禮制度聯繫起來。

中文的「禮」字從字源學上看是指祭祀或祭品。衍生的意義是儀式和禮儀以及指導這些儀式的規矩和慣例。引申開來，它又指指導人的行爲，尤其是道德關係和內在精神的規矩和慣例；而內在精神又會激勵人遵守這些規矩和慣例。孔子本人就特別強調禮、「得體」和禮貌的美德（據說與守禮有關）的重要。就連哲學家荀子，他明白無疑地否認至高無上體的存在，也侃侃而談禮，說禮是君子生活與教育的重要構成因素。儒家經典包括三部禮儀著作：《周禮》，對古代政治制度的理想化描述；《儀禮》，周代國君和臣相行動的規章戒律；《禮記》，它是對涉及生活各個方面的禮儀的包羅萬象的記述並加以某些哲學反思。

如果一位基督徒來接觸這一中國主題——儒家禮儀，兩個迥然不同的問題便會出現。第一個問題涉及作爲祭祀的禮。如果中國人只有一個崇拜祭祀，即崇拜至高無上神的祭禮，基督徒便會滿意了。可以理解的是基督徒面對儒家的多種崇拜的存在而困惑了，不但祭祀天而且還祭祀一大群其他神靈和死去的祖先。對這樣的發現的可能的反應是深惡痛絕，甚至強烈反對，如有歷史文獻記載的羅馬教廷的反應。

其實，仔細地研究一下祭天禮就能夠理解那些次要祭禮的意義，這些祭禮有包括祭祀祖先亡靈在內的對各種神靈的祭奠。我們知道，天被看作是至高無上神——高高在上，超越了其他神靈，尤其是祖先，這樣，對低於天的神靈的祭祀表達的是尊敬，不是崇拜。

《中庸》讓孔子這樣說：「郊社之禮，所以事上帝也；宗廟之禮，所以祀乎其先也。」（第十九章）這樣，顯見儒家明確地支持主要和次要祭禮是對至高無上神信仰的表示。

與第二個問題有關的是「儀式」而不是祭禮。這裡我指的是儒家的 rites de passage：冠禮、婚禮、葬禮和其他儀式。這些儀式是否有宗教意義，抑或它們只有社會意義？如果我們記起公開聲稱是無神論者的荀子是《禮記》的主要作者——既是文字上的也是精神上的，而《禮記》又詳細地指示了如何進行上述儀式，那麼，這個問題就變得嚴重了。

這樣來看，我承認儒家的 rites de passage 可以有純粹的俗世解釋，它們是人生中某些關鍵經驗激發的人類情感的有節制的表露。馮友蘭就是這樣認識的。[9] 但我也想指出這些儀式的隱寓的宗教性，如果不是明顯的但至少有時亦是一目了然的。儒家的rites de passage通常是在祠堂裡舉行。

9 參馮友蘭，「儒家對於婚喪祭禮之理論」，《燕京學報》3，(1928)，第356－358頁。

祠堂爲人視爲神聖不僅因爲它是祭奠死者的地方，而且特別是因爲禮儀是在上帝面前舉行的，所以可以和上帝同享綿綿不絕的福蔭。因而，雖然這些儀式本身很少直接向神祝禱，它們卻指明了需要神的福佑，但要透過祖先的斡旋。至少執行這些禮儀的人（他們中絕大部分和孔子一樣相信神）是會如此理解的。

㈠儒家的聖餐：祭天

「聖餐」（eucharist）一詞是從表示感恩的希臘字衍生而來的。持守聖餐禮是以最後晚餐時基督的行動（《路可福音》，22：19；《科林多前書》，11：24；《馬可福音》，14：23；《馬太福音》，26：27）爲起始和模式的。它的定義是：「按照基督典範和教導所持守的教會聖禮的會餐。」同時它又是基督所代表的：「拯救實質之實現。」它是由「就著麵包和酒發出的讚美感恩」實現的。[10]

對於持守聖餐禮的基督教教會，聖餐是極爲重要的聖禮，它是所有信徒都參與的、信仰的公開宣稱。當我們回到儒學時，我們發現的是一個不同的畫面。對於儒家的中國，祭祀天無疑是宗教信仰的最高形式的集合表示。但如果和基督教的聖餐比較，它和猶太教的聖殿犧牲禮更爲接近，因爲它只是一年一度的儀式。此外，參加的人員亦是相當有限的——一般來講公衆被禁止參與。在一個不知王權(imperium)和神權（sacerdotium）分離爲何物的文化裡，祭天是皇帝

10　參 Johannes Metz, Sacramentum Mundi，第二卷第257頁。

特有的職責和特有的權利，因爲皇帝的政治和宗教功能是天子和教主。猶太教的聖殿崇拜代表的是（其他因素除外）作爲神的選民的人民的團結一致，只有他們才崇拜眞正的神，而儒家的祭天則特別是一個人對統治一個國家的宣言，而這個國家又被看作是「普天之下」。它是政治合法權益和宗教責任的表示。

以祭天爲中心的禮儀很早就形成了，早在孔子的時代已然存在，直到二十世紀初期，在許多方面它仍是中國宗教的主要特徵。今天，天壇依然屹立在北京內城之外。這是近代史上有六百年歷史的紀念物，這六百年間，以北京爲都城的統治者都在天壇舉行祭天禮。在這一建築群裡，祭壇沒有牆也沒有頂。這是一座白色大理石的露天祭壇，它聳立在蒼天之下，成爲稱爲「天」的神祇的享殿。冬至那天，一年一度的祭天禮儀在這裡舉行。皇帝爲進行他的這一大祭司的活動已齋戒三天，做好了準備。他的助手，王侯與大臣也參加祭禮，皇帝走近祭壇，登上三層圓形平台（平台質樸無華但又讓人刻骨難忘），然後，他爲自己、爲他的人民祝禱。祭品是犧牲，即純色無瑕疵的公牛，以熟牲祭獻。此外還有其他祭品和禱辭，也有莊嚴的樂曲伴奏。「整個儀式是向上帝、向列祖列宗、向日月星辰感謝恩典，懇求上天爲全年降下恩惠。」[11]

---

11 參 W.E.Soothill, *The Three Religions of China* (Oxford, 1923)，第232頁；《禮記》論祭禮意義一章，傅佩榮《儒道天論發微》第三章。

讓我們在此強調祭天的關鍵所在是感恩(Eucharistein)。犧牲祭獻是出於感恩而不是爲了贖罪。儒家祭祀裡的確沒有贖罪犧牲的概念。這一事實給許多傳教士留下了深刻的印象，其中包括中國文化的偉大詮釋家萊格；他們認爲贖罪是基督教本質性的特徵。

祭天是對一神信仰的肯定。許多天上和地上的神靈：日神、月神、山神、河神等等都和天有關，但永遠是天的下屬，是天委派指定的官吏。皇家的祖先也和祭天有關係，他們是見證人和參與者，不是神化的人。皇家的列祖列宗也享有自己的祭祀，在年底和季節變換時舉行。皇帝以孝敬的卑微態度向他們匯報自己統治的功過。這是家族的禮儀，只不過比尋常人家的祭奠祖先的規模更宏大一些而已。

祭天禮要祭獻燒熟的犧牲，而祭祖卻是紀念儀式。在祠堂裡或者更經常是在祖墳和家裡舉行。在家中供有刻有祖先名諱的牌位；現在許多地方仍然如此。通常還要供獻酒和食物，然後要在牌位前靜默地下跪磕頭。此後，全家老小一起吃飯——據說祖先已然品嘗了飯食。因此，和聖餐一樣祭祖是共享一餐的宗教慶典；在此，活人和死人都參與了，家族與家族的聯繫更新並加強了。

1912年中國建立了共和國，祭天禮儀結束了，祭祖卻艱難地留存到今天。人民共和國拒絕過去，拒絕對祖先的尊崇。離開大陸到香港、台灣和東南亞定居的中國人一般都沒有帶上祖宗牌位，而對祭祖的延續牌位是必不可少的。然而，祭祀及其意義的意識仍然活在人民的記憶裡，繼續在維繫與加固家庭的親緣關係。這樣一來，和以往相比儒學變得更加不像是有組織的宗教，而更像是彌散的宗教情感。這是在家庭內部發生的事。

(二)家禮（「Rites de Passage」）：人生過程中的重點

儒家的家禮強調個人生活中家庭意識和忠於家庭的重要性。這些禮儀顯示出儒家宗教習俗的家庭的偏向，對於絕大多數中國人來說，祭祖禮儀是中心。哲學家朱熹在一篇名爲「家禮」的文章裡專門論及這些人生禮儀問題，包括出生、成年的禮儀、透過婚姻肯定家庭原則的禮儀（而婚姻亦是幾個家族的聯合）和守制及葬禮。

在每一個家庭裡，子女出生都是一件大事。但是儒家教誨強調「胎教」的準備和各種儀式的習俗，其中包括「洗三」。基督教的洗禮則沒有相應的儀式。小孩出生後第三個月月底要舉行命名儀式，屆時要給他/她「削髮」並將名字記錄下來。儒家禮儀更重視慶祝小孩的成年。這一儀式在小孩十五至二十歲之間舉行——各地有所不同。男孩子的這一儀式叫作「冠」。經過令人難忘的但又是儀式性的改換服飾、加成年男子的「冠冕」，然後以酒爲祭並正式命名，這位青年便進入成年人的社會並可參見列祖列宗了。[12] 這個儀式和基督教的洗禮—命名—堅信禮很相像，它慶祝男青年決心爲神盡力或是決心走聖人之路。

對於儒家，「昏禮者，將合二姓之好，上以事宗廟，而

---

12 關於「冠」，參朱熹的「家禮」。至於女孩子，在其訂婚時要舉行「笄」禮，亦見朱熹「家禮」。

下以繼後世也」（《禮記》昏義），因而家庭利益總是先於個人利益。婚姻不僅是人生中自然的一部分而且是必要的一部分。婚禮本身便表現出這些意圖。婚禮始於在宗廟裡向祖先宣告婚事並祭酒。夫妻二人在相見之後（新郎已去迎娶過新娘）要相互行大禮，然後飲合巹酒，象徵他們的結合與情愛。[13] 然而新人表達自己婚姻結合的話卻顯示出他們服從的是父母之命而不是個人意願。《禮記》這樣記載：

敬慎重正而後親之，禮之大禮，而所以成男女之別，而立夫婦之義也。男女有別，而後夫婦有義，而後父子有親。父子有親，而後君臣有正。故曰昏禮者，禮之本也。（《禮記》昏義）

據說儒家儀式始於冠，扎根於婚禮，而最重要的是守制和葬禮。《禮記》中相當一部分，包括許多冗長的章節都是講葬禮和守制的禮儀，不同程度的親緣關係守制的長短和祭祖的禮儀。顯然，中國人和韓國人過去曾十分小心謹慎地爲死者做應做的事。守制應當是表達離開此生的哀痛，但對死人的尊敬亦暗喻了對來世的信仰以及生者與死者間的相互依賴。這是儒家所特有的，它和基督教的悼念儀式有相似之處，但又過之。有意思的是，儒家倫理學非常明顯地傾向於今生今世，而儒家的信徒卻以一生中相當的時間守制，居住在父母的墳墓旁，謝絕社會和政治活動。在這方面，基督教的良心雖然有「他世」傾向，卻沒有這許多顧忌。

13　參「家禮」第7章，《禮記》，41。

禮儀涉及的問題——祭祀、聖禮和儀式都包括在內——是它們可能成爲目的本身而不是自我超越的手段，指向神之道的手段，成爲公衆共同信仰的表示。這就是無休止的禮儀更新、儀式簡化和豐富象徵的原因所在。這麼做正是爲了防止祭祀和禮儀變爲形式主義因而舉行儀式時心不在焉。這對全世界的所有宗教都是十分重要的。孔子曾問道：「禮云禮云，玉帛云乎哉？樂云樂云，鐘鼓云乎哉？」（《論語》〈陽貨〉）他還說：「人而不仁如禮何！人而不仁如樂何！」（《論語》〈八佾〉）

四、結語

這一章是對儒學與基督教的比較研究，特別是透過思考祈禱、內省、神秘主義和禮儀問題，在本章結束時，我們不禁爲早期儒學和後期儒學之間的眞正不同之處而驚異。早期儒學表現出的是對至高無上的人格神之信仰，而後期儒學裡更鮮明的神秘主義傾向雖然掩蓋了超越性的內容，但它又強調自我和宇宙的合一。儒家的祭祀（特別是祭天，它本來就是早期儒學的遺產）與儒家內省或「靜坐」之間亦有同樣的差異。前面已經提過，事實上聖王向上帝或天所做的祝禱可能大都出於祭祀禮儀。然而，有趣的是可以發現一個持續不變的、禮儀上的對一神信仰的執著。信仰一個高於其他神祇的神，它是萬物的創造者與施恩者，還可以發現在個人的宗教虔誠中對這一信仰的偏離。誠然，儒家的內省和神秘主義並不明確地否認神的人格性和超越性，但他們對這一信仰並未加以重視。

那麼，問題自然是爲什麼。爲什麼會出現偏向？爲什麼會有持續的祭祀—內省的對立或祭祀—哲學的對立？這一變化自孔子而起還是後來產生的？怎樣產生的？

至於孔子本人，有人說他信神，有人則說他是無神論者。確實，他的語錄集《論語》沒有提供個人祈禱的充分證據。任何一神論，不論是人格神還是超越之力都是暗示多於明言。但是，重要的是暗示了一神信仰，即使是當代的儒學哲學家馮友蘭，他力稱儒學是哲學而不是宗教——至少在批孔運動以前是如此——也承認孔子本人信奉人格神。

無論如何，孔子的確引發了中國思想進程上方向的改變——不是向形式宗教的方向而更多是向基於仁的道德本性的人本主義的方向。孔子的追隨者將進一步強化人本主義的傾向：孟子因引入神秘主義的內涵而強調了自我與宇宙的合一；荀子因引入眞正的不可知主義、甚至於無神論的可能性而將天「非神化」，即把天歸結爲物質的天，雖然荀子仍舊重視禮儀問題，但禮儀是教育、道德節制和禮貌。

然而，一定要指出古代而且一直延續下來的王權與天的關係，以及祭天禮儀僅限於王本人有權進行的重要性和後果。儒家經典記載了向神祈禱和與神對話，但這一神聖對話中人的一方通常均爲王，而孔子並不是王，其後的哲學家亦非王。這樣，儒家宗教和哲學的「民主化」，即普通人而不是聖王可以成爲後來西方稱爲「新儒學」的古代宗教哲學的詮釋者這一事實本身亦導致了儒學日益深入的世俗化偏向，即使宗教層次從未消逝過。

我們亦不能否認佛道兩家的調和主義的影響。特別是隨著九世紀以來偉大的新儒學思想家的崛起，儒學從佛教、道教那裡得到了更大的神秘主義傾向。儒家的「靜坐」既是一種方法又是導向在自我超越中忘卻自我與萬物結合的手段，它帶有顯著的佛教禪宗影響的痕跡。幾個世紀以來，這一發展一直在繼續，然而卻對儒家祭祀禮儀沒有任何影響，祭祀一直受到其排斥性、受到這一祈禱和崇拜的正規活動所有的禮儀的保護。

因此，我的結論和十六、十七世紀耶穌會傳教士利瑪竇及其追隨者所做的結論極其相似。我相信早期儒學即孔子以前的中國宗教在其祈禱和崇拜生活以及祈禱和崇拜暗含的神學等方面的確與基督教有眞正的相同之處。再一次借用海勒的用語，儒學非常接近「先知型宗教」，其基礎是聖王得自神的質樸無華的啓示，一個倫理與政治結合、崇拜與王權結合的啓示，一個神爲至高無上的人格神祇、爲所有生命和力量的源泉的啓示。然而，因了道教和佛教的影響，後期儒學具有愈來愈多的神秘主義特點，如果不是因爲繼續了官方主持祭天禮，即每年一度提醒人們神的超越性，否則它可能已然轉化成爲神秘主義宗教。但是，雖然我同意利瑪竇和其他耶穌會教士的觀點，認爲早期儒學和基督教更爲接近，可我並不分享他們因後來新儒學的發展而生的遺憾。這是出自宗教辯解熱忱而生的遺憾。我發現這一發展衍化本身便很有意思，它還是儒學與基督教某些差異的明證。儒學即使在其早期形式也僅僅是接近於先知型宗教。聖王宣稱得到的簡樸的「啓示」並沒有基督教裡基督的啓示所享有的重要地位，而且也沒有導致形成任何信仰或啓示的教義。神爲至高無上人格神的思想從未成爲儒家傳統的主導性問題。孔子是這一傳統的偉大的先知，他繼承並發展了儒家傳統，但孔子本人卻越來越注意倫理人本主義。他雖然沒有從畫面上抹去神，但他至少是在理智上把神的概念放置在一個安全的、恭敬的——甚至是令人肅然起敬的——距離之外，敬而遠之。儒學沒有自己的神學，道教和佛教後來的影響加深了它的精神性和神秘主義，但卻進一步掩蓋住初期的對神的信仰。

我以上面的分析作爲對儒家祭禮和儒家哲學、精神性之間某些偏離現象的解釋。我認爲儒家傳統裡先知因素和神秘主義因素相結合的獨特方式本身便有非常的意義，它告訴我們先知型宗教和神秘主義相互學習可以受益多多，但是這一互惠互益總是以特定的文化背景爲準，並且發生在特定的文化和宗教社團之中。儒學和基督教各個提供了這樣的學習過程怎樣發生並將繼續發生的不同範例。儒學與基督教還可以互相學習——向其共同之處和不同之處學習。

第六章
政治社會問題

一、概　論

政治與政治參與一直爲基督教思想提出了問題，這些問題比儒家哲學所得到問題多得多。首先，耶穌基督原始學說中的確切的政治內容至今仍是一個尚未解決並引起爭議的問題。至於孔子和孔子的學說，問題大不一樣，因爲孔子周遊列國、尋找一位能採納他的見解的君王時表現出毫不隱晦的、一貫性的關心，即關心他所處時代的社會中的政治實踐，關心建立一個以有道德的領袖階層和勸誡爲基礎的公正的社會——如果重建一個已失去的秩序則更爲理想。而耶穌基督呢？已知的歷史資料勾畫的是一幅迥異的圖畫。一方面，基督不是一個屬於社會政治體制的人，甚至不是一個屬於宗教體系的人。他是一個生長在羅馬領地的猶太人，他唯一的貴族世系稱號是大衛王這一支，而這一支早已失去了其王位。他的所作所爲不屬於羅馬當局希律王以及撒都該。他既不是教士等級制中的一分子，也不是博學的猶太法律學家和長老中的一員。另一方面，他和猶太教狂熱派反羅馬運動也保持了一定的距離。因而，基督之死的不公正就在於政治錯判這一事實——荒謬的控告和草率的定罪。他不是社會政治革命家，但這並不意味著基督的教誨缺乏社會的和政治的內容。相反，和以前的猶太先知一樣，而且還超過他們，基督不僅勸誡衆人反對祭祀形式主義，而且還反對所有的不公正、特權、壓迫和狹隘民族主義。[1]

誠然，從福音書裡很難解析出積極的政治學說，耶穌基督宣教的是「非今世的王國」。他明白無誤地承認兩個權威的並存：凱撒的國度和神的國度（《馬太福音》，22：16－22），因此，他強調的是民衆對主宰巴勒斯坦的外國勢力服從的需要。聖保羅遵循基督的榜樣，告誡人們服從人的權威，同時又強調基督徒的希望在於神，因爲他們是「天上的國民」（《腓立比書》，3：20）。在《彼得前書》裡，我們可以找到對暫時的權力明確的聲明，要「尊敬君王」（《彼得前書》，2：16）。這是因爲所有的權力最終都來自神，因而值得予以適當的尊重。

神是所有權力和權威之源的信念導致了西歐歷史上權力二元化的發展過程。許多早期的爭論都是以宗教權威對民事權威問題爲內容，代表了教（sacerdotium）和政（imperium）分離，司法權限的衝突引出了要求和反要求、法理學的發展和認眞的法律編纂。因此，有時人們聲稱權威二元說爲政治自由——法制下的自由——的發展做出了貢獻。

> 教會不是基督王國，而是這一王國的象徵……同樣，對於統治者亦沒有完全意義上的主權，神的主權除

---

1 關於基督的政治背景，參 Hans Küng, *Christsein* (Munchen, 1974)，第169－180頁；Gustavo gutierrez, *A Theology of Liberation* （New York, 1973），第225－231頁。

外。在每一方，權力的意義都是由那些以神的名義並有神的權威的人們行使的，但是，他們是教士，代理人，替代者和代表。[2]

孔子也是失勢的前朝貴族的子孫。然而他明明白白地把自己和自己時代的統治王朝的事業聯繫在一起，沒有任何背叛的感覺，這是因爲他屬於一個已然取得了高度文化和種族和諧的社會，他是這個社會的一員。孔子從來就不是現行政體的一分子，雖然他可能在他的祖國魯國擔任過很短一段時間的司寇。但是，他顯然有進入政治體制的雄心，同時又希望保持自已的道德原則不受玷污，並且希望使這些原則成爲改革社會秩序的基礎。因此，他表現出對自己時代的社會裡政治現實的公開和持續的高度關注。

不是去思辨死後的生活，孔子堅定不移地注目今生今世的生活，尤其是社會和政治生活。他認爲積極的政治服務是人的與生俱來的責任，只有當作爲一種社會抗議形式時——像古代傳說裡的聖人賢士那樣，對這一規範的偏離才能得到諒解。儒家的社會參與意在作爲自我超越的手段，既是對參與社會的個人來言，也是對社會秩序的「得救」而言。然而，儒家哲學的政治關注導致了它成爲政治權威的附庸、轉化爲政治意識形態的危險。這樣的附庸和轉化從來不是完全徹底的，即使是在孔子、孟子以後，儒家傳統繼續產生出批

2　參 J. M. Cameron, *Images of Authority*：*A Consideration of the Concepts of Regnum and Sacerd otium* (New Haven, 1966)，第2頁。

判社會和政治現有體制，以恢復古代道德秩序爲名呼籲改革的思想家。但是，附庸和轉化的過程確實出現了，特別是在一個不知二元權力，即教會和政權分離爲何物的文化與社會裡更是不足爲奇。尤其是在漢代，儒學獨尊，成爲國家哲學——有時亦稱國教，其代價是在其系統之中容納了基於陰陽哲學和法家權力說的相關性形上學的思想觀念。這有助於使新的王權及其普世的權威合法化。從某種程度上，它代表了和四世紀康斯坦丁大帝治下基督教主教該撒利亞的猶西比烏（Eusebius of Caesarea）的思想與努力對等的發展。猶西比烏提出了一個神、一種邏各斯、一個皇帝和一個世界的「政治」神學——將哲學的一神論用於君主政治體制。至於儒家哲學，因爲強調了天地二元權力，天作爲至高無上神的思想受挫。但是，承認皇帝是天地之間的中介和大祭司保護了在宗教思想和祭禮持守方面從古代繼承來的超越性的內涵。總而言之，我們必須說在某些方面儒學臣服於中國的國家政府，很像拜占庭教會成爲東羅馬帝國皇帝的臣民。儒家傳統裡，權威問題是以君臣關係的形式做系統闡述的。這麼做本來就很值得注意。西方的權力概念是用法律術語界定的，然而在東方，法律主要是從刑事懲罰方面來看待的，而人際關係主宰了對政治社會和統治者與被統治者的相互義務的理解。即使是中國的封建體系也是如此，君主與諸侯之間的關係是建立在親緣關係或其他私人聯繫的基礎之上，多於建立在契約的概念以及這一概念所要求的對封建主的效忠之上。

拉丁文的權威（auctoritas）在希伯來文和希臘文《聖

經》裡沒有準確的同義語。對於羅馬人，它是指他們對皇帝和元老的義務，同時亦指視爲眞理教師的哲學家的著作。與人對神的啓示的反應所享有的自由而言，神的權威這一根本問題是個奇怪的問題。通常人們假定，既然人的整個存在是因神的富有創造力的話語而存在的，那麼人就要以自己的整個生命來回答神的呼喚，像撒母爾那樣回答：「請說，僕人敬聽」(《舊約》〈撒母爾記上〉，3：10)。《新約》裡，耶穌基督成爲服從神的意志的典範（《約翰福音》，14：31），因此他成爲人得救的原因（《羅馬人書》，5：19，《希伯來書》，5：8）。這樣，基督徒順服本身便是回應神和基督啓示之信仰。然而，人與神之間這一起始於宗教對話的順服與權威的合夥關係一旦經制度化的渠道來表達就會出現許多危險。問題涉及這類要求的可信性，還有行使這樣的權威的正確性。不錯，一切權威來自神的信仰依然存在，人只能成爲神的代理人——行使代理的職權；因而，在基督教裡，沒有任何一種權威，無論是教皇的還是君王的，都不能自稱是徹頭徹尾的「絕對性」的。所以，《新約》強調權威本身注定是要爲公衆服務（Diakonia）的（《路可福音》，33：24－27；《哥林多後書》，4：5）。

儒學與基督教裡政治相關性的比較研究中隱匿著特定的困難，這困難出自兩大傳統的不同特性。無論如何，從我們理解基督教爲宗教這一確切意義出發，儒學並不是那樣的宗教。儒學從始至終都具有強有力的現世傾向，而基督教則強調「絕對未來」——神和來世——的頭等重要性。源自這些根本差別，西方政治學理論是從教—政對立發展而來，而在遠東卻沒有明顯的對應現象。即使是佛教和道教，它們的來世傾向亦阻礙了眞正的政治哲學的形成發展，雖然時有「教會」與國家的衝突發生。另一方面，儒學很難稱得上是教會，除非改變教會一詞的意義。儒學有自己理想的領袖：王，他被視爲作爲典範的個人、天命的執行者。然而，王朝政權的制度化增大了理想與現實之間的距離，引起了對相的作用的理想化：相是佐助王執行政權職責的儒臣，他們起誓要爲實現政治抱負，即復辟古代的黃金時代而奮鬥。臣的嚴重失誤可以加速王朝的覆滅，因爲天命的理論規定暴君不再配稱爲天子，反抗暴君是合理合法的。

我準備把儒家的王和政權、理想的社會、反抗和革命等觀念與基督教的彌賽亞、政治末世學和解放等思想加以對比，討論政治相關性問題。這樣做的同時，我也清楚地認識到兩大傳統之間的差異和某些方面的共同之處。我認爲，雖然基督教有重要的政治內容，但並不能把它簡化成政治宗教。另一方面，儒學一向和政治政權有更密切的關係，儒家的王與相都是政治的人，而相與王之間具有關鍵意義的距離所發揮的功能與西方的教士與王之間的距離既不同又相同。

二、儒家的王

前面我曾提到每一位儒家都可看作是王——眞正的或是潛在的，這是因爲王的理想與神授能力和功績相關連。當然，實際上這一理想境界從未實現過——除了在傳說中的遠古時代的聖王。然而，理想一直有實在的影響：無論如何人皆可王是人皆向善說的合乎邏輯的結論。因此，它有力地提醒現實中的王按理想去努力，提醒他記牢政權是服務機構，王國是信託而不是個人財產。

儒家的中國和基督教的歐洲都相信代理職權這一觀念。和古埃及，甚至和日本不一樣，中國從來就沒有神—王的概念。同時，中國也從未經歷過歐洲教會和國家間的衝突。按照儒家觀念，政治統治者負有天命，是天子，是人民的父親和師長。這確然是環繞著王權的神聖的光環，也就是說聖人的至善至仁的品質，即領袖人物感人魅力的人格的品質在宮廷的修辭與禮節上逐漸附諸於執政的君主，哪怕所有的人，包括王本人在內都知道他在道德和智力上都是個庸才。

㈠作爲典範的個人

理想的王、聖人和王權的超人魅力是如此有力以至於王被人視作人的典範，中國經典的唯一一人。黑格爾使這一說法廣爲人知，雖然這並不意在指王是這一境界裡唯一的自由人。[3] 按儒家經典，王是唯一一人，因爲他是天子，他以獨特的方式斡旋於上天的力量與天下的百姓之間。他以天命統治，他按天的意願行事。一方面，他高高在上的位置和令人敬畏的職責又使他成爲孤家寡人；另一方面，一旦他的人民觸怒了上天，他一人要承擔罪責；從某種意義上看，王是個集體的人。出現自然災異的時候，他必須獨自向上帝禱告，補救過失，因爲災異是神發怒的象徵。

神授超人魅力的王的概念最根本的是著名的天命說。這

3　參 Hegel，*Philosophy of History*（New York，1956），〈概論〉第8頁。

個理論是周代（公元前1111－249年）時形成的。其目的在於使周王室推翻商朝合法化。好幾部儒家經典，特別是《書經》和《詩經》都有記載。根據天命理論，王的權威基於天、上帝的命令，因而要爲臣民的利益使用王權。如果王因個人的過失或暴政對天犯下罪孽，他可能失去天命，而別的有適當德行的人將得到天命。周朝的開國之君便聲稱奉天命去毀滅邪惡的暴君的權力，拯救人民於水火之中：

> 我不敢知曰，有殷受天命，惟有歷年；我不敢知曰，不其延。惟不敬厥德，乃早墜厥命。今王嗣受厥命……其惟王位在德元……上下勤恤。（《書經》〈召誥〉）

有意思的是中文表示政治變革的詞仍然是「變天」，或者更正式一些的是「革命」。

孔子本人闡發的正名說可以幫助我們理解天命理論。孔子堅持「君君、臣臣、父父、子子」（《論語》〈顏淵〉）。人們有時把它誤解成爲現狀辯護，是反對社會變革和變動，其實恰恰相反。孔子看到好的統治之必要：君必須是明君，臣必須是賢臣，以此類推——即名稱應當與它所代表的倫理道德理想相符。孔子的偉大的後繼人孟子肯定是這樣理解正名說的。當齊宣王問臣可否弒君時，孟子回答說：「聞誅一夫紂矣，未聞弒君也。」（《孟子》〈梁惠王·湯放章〉）商朝的末代之君因其罪惡而失政，結果周滅商。

漢朝時，儒家世界觀因爲陰陽家思想的影響越來越內向化。天地的權力日益取代天爲至高無上體的概念。人因其特殊的尊嚴、因其與天地相像，和天地一起形成了三位一體。

如果人與天地形成三位一體，這主要體現於王。在很重要的意義上，王仍然是唯一一人，他一人要爲自然秩序和社會秩序中發生的一切負責任。董仲舒是這樣解釋王字的：

> 古之造文者，三畫而連其中，謂之王。三畫者，天地與人也。而連其中者，通其道也。取天地與人之中以爲貫而参通之，非王者孰能當？（《春秋繁露》卷十一）

對人民，王是神的代表，在神前，王又是人民的代表。他是統治者又是榜樣。他的地位高，但那並非總是讓人艷羡的地位。他爲王不是爲自己而是爲民衆。正如孟子所說：「民爲貴，社稷次之，君爲輕」（《孟子》〈盡心·民貴章〉）。如果我們再一次記起王位應當屬於聖人，即不爲自己而爲他人而活的人，這種說法便不足爲奇。孟子還爲周代七百年以後沒有聖王出世而痛心疾首。漢代的儒則爲孔子，聖人的典範竟不曾做王而困惑不解。爲了讓聖人爲王的信念更有說服力，他們給予孔子「素王」的殊榮，甚至還封他爲一個子虛烏有的王朝的創始人。他們聲稱孔子透過其著述裡對歷史的斷言治理世界。而漢代以及漢代以後沒有一位王或皇帝是聖人，儘管每個朝代都尋找虛構的祖先世系，自稱是古代某聖王的後裔，這確實是歷史的嘲諷。

儒家每隔一段歷史時期出一位聖王的信念和猶太教對政治上的彌賽亞（他應帶來和平公正的統治）的期待有相似之處。和猶太人的信念不同，儒家的這一信仰不是基於相傳的神的諾言，但它仍然是對神對歷史的指導的信任的體現，因而允許治與亂的周期性交替。此外，儒家人人皆可成聖賢的說法保證了歷史的自由的一面，並且鼓勵嚮往聖賢的雄心。因而，儒家的彌賽亞是被選定的人，不光是神的也是人的

——人民確認了神的選擇。過去的黃金時代的意識始終是這樣的彌賽亞思想的重要組成因素，因爲它責成政治救世主去恢復過去的幸福時光。孟子下面的話就表達了這樣的信念：

> 五百年必有王者興，其間必有名世者。由周而來，七百有餘歲矣。以其數，則過矣；以其時考之，則可矣。夫天，未欲平治天下；如欲平治天下，當今之世，舍我其誰？（《孟子》〈公孫丑·充虞章〉）

㈡反抗說

只有和某種形式的服從與忠誠形成辨證關係，否則權威是毫無意義的。決定誰具有權威和這一權威可行使的程度的條例也決定了應服從什麼並怎樣服從。命令是否公正合理因而服從變爲對神的歡悅還是反之？權威是否使用得正當，是否是爲了服務於公衆的利益？人在道德上是自由的——他可以服從或反抗，可以積極地或消極地服從，他還可以反抗某一權威，不論命令是私人的還是法制保障的。

對於基督教歐洲和儒家中國，正當合法的反抗說都植根於代理職權的概念。在歐洲，反抗權威的教義和某些宗教—啓示錄信仰有關係。卡爾·曼海姆（Karl Mannheim）特別提到閔采爾（Thomas Munzer），反抗路德教王公的農民起義領袖。[4] 因而，反抗的思想可以說是從線性發展的歷史

---

4 參 Karl Mannheim，*Ideology and Utopia*（New York，1936），第212頁。Mannheim 還特別提及 Ernst Bloch 的 *Thomas Münzer als Theologe der Revolution*（Munich，1921）。

觀衍生的，因爲反抗者相信他們是在爲實現歷史的耶穌再世（parousia）做貢獻。

前面已經提過，與道教、佛教相關的宗教—啓示錄思想在中國歷史上曾經引發過多次政治反抗運動，但是，它們並沒有導致形成眞正的反抗學說，反抗說倒是從儒家的權力理論、從「天命」理論演繹而來。

孟子堅持君臣的相互關係，他說：「君之視臣如手足，則臣視君如腹心；君之視臣如犬馬，則臣視君如國人；君之視臣如土芥，則臣視君如寇讎」（《孟子》〈離婁·視臣章〉）

孟子讚許殺戮暴君對中國歷史有決定性的影響。一代又一代的反抗者——以及開國之君——都引援這一學說。因此儒家中國經歷了許許多多次改朝換代，按中國的政治倫理學，這是合法的。另一方面，日本是另一種政治演變的見證。雖然日本人接受了儒學，他們對儒家學說有些不同的解釋，而且他們不能容忍對他們的天皇的任何反抗。

和儒家中國相比，在歐洲殺戮暴君的理論發展得晚得多，它是和教會—國家的政治衝突、和宗教改革聯繫在一起的。索爾茲伯里的約翰（John of Salisbury）撰文論述過人民作爲神的工具殺死暴君的可行性——當然是在特殊條件下。這是在十二世紀。十六世紀末期，Vindiciae contra Tyrannos（1579）一書的佚名胡格諾派作者和 De Rege et regis institutione（1598－1599）的作者，西班牙耶穌會教徒路易·馬利安那（Luis Mariana）更爲明確清楚地宣揚了這些思想。前一書在英國被當衆焚燬，後一部則受到法國天主教國會的譴責。

然而，弒殺暴君並不等於社會和政治革命，即使殺暴君的合理化爲革命的必要性提出的某些問題廓清了地基。按今天的理解，「革命」一詞是指政治、社會、經濟或科技秩序裡的完全徹底的變革，它對全人類的生活有重要的後果。中華人民共和國發生的事件使得「文化革命」一詞流行開來，這個詞彙的含義是在社會生活的許多層次同時產生變化。革命通常是急促的、突發的事件，其政治模式爲1789年的法國革命，1917年的俄國革命以及1949年的中國共產黨人的革命。每一場革命都有暴力和流血。因此，革命與反抗起義不同，後者可能僅僅是無政府主義，抑或不過是意在改換政治層次的領導權而在社會秩序方面沒有廣泛的改變。這樣一來，人們曾斷言，直到二十世紀中國歷史上沒有革命，雖然經歷了數不勝數的起義和多次的改朝換代。

三、儒家的相

遠古的聖王，如傳說裡的堯和舜是儒家王的模式，儒家的相則景仰更有歷史性的前人——商朝的伊尹或是周公，後者是孔子最欣賞敬慕的聖人。這一事實本身就可以告訴我們一個微妙的道理：堯、舜讓位於賢人而不是自己的後代，他們和後世的開國之君相比並不那麼需要賢相，而後世的君王則一心爲其家族、爲自己確保天命。遵循周公的榜樣，孔子自己並不覬覦王位，而是四方游弋尋求樂於用他的君主。歷史判定孔子和同時代的任何人相比都更應做王，奉他爲素王使他同時成爲眞正的王的典範和眞正的相的榜樣。君與臣都必須努力效仿他的美德。君與臣都可以聲稱繼孔子爲人之師。王是天下的師長，而臣以特殊的方式參與這一責任，不但要教育治下的人民，還要而且特別要做好王的參謀——王的良師益友。

臣諫君的責任引出了一個有意思的問題：政治忠誠的問題。對於不聽忠告、陷國家於動亂人民於苦難之中的昏君，臣應當怎麼辦？他是否應當以發動起義爲己任，特別是當他自認自己或他人是更英明的君王時？還是他雖然深知已到末世但寧願知其不可而爲之，寧願爲君王或和君王一起喪生？

我準備從臣對君的效忠和隨之而來的政治抗議概念入手討論儒家的相的問題。我要強調儒家的忠的觀念首先是指忠於自己的良心，先於或重於忠於君王本人。這一概念隱含著一個共同的義務——君臣的共同義務，即忠於天，而天向人的良心低聲說出天的命令。但是，如果在理論上儒家的相有權反抗暴君，實際上，相往往更願意諍諫，而不是拿起武器發動暴力革命。

㈠忠的意義

儒家對政治權威問題的反應往往以忠來表達，它和更爲西方式的服從不同。服從有其不具個人感情色彩的因素，可以對內用於良心，對外用於法律。反之，忠有深沈的個人感情意味，不論是指向事業（以道德信念的名義）還是指向另一個人或一群人。

忠的概念理解爲主宰臣民或相對統治者或君王的責任之美德，它在早期的儒家經典裡實際上有更廣泛的含義。《左傳》裡對於君，忠爲「利民」。《論語》中，曾子在談及自己時給忠的定義是「盡心」，和統轄與他人關係的「恕」相關。他還用履行職責時對尊者和對同仁的盡忠盡責來描述忠。孔子本人則常常忠信並論，「信」指導人對己對人的關係而不論社會地位如何。他談到忠君，說人必須對自己屬下的人民施予父母之親從而以贏得人民的忠誠。孔子心目中的英雄之一是管仲（卒年爲645年），他離棄第一位君王以事奉敵對的齊桓公。《大學》、《中庸》裡，忠字通常和信字同時出現，有一次是指君王忠於臣民。《孟子》裡，忠總是指忠於自己的心、性，指教人向善。就連許愼（公元30－124年）亦以自己的說法將忠界定爲「盡心曰忠」，而沒有限定於君臣關係。鄭玄（公元127－200年）在評《周禮》時說忠是「忠言以中心」，即要盡心，不偏不倚，在判斷和行動上要公允不偏執。

隨著歷史發展過程中政治權力日益中央集權化，忠的意義被歪曲，用以指對君王和王朝的消極的效忠。一部僞造的經典的出現鼓勵了這種消極的忠。這部經典就是以假托孔子的弟子曾子所做的《孝經》爲模式的一篇短文，即所謂《忠經》，相傳爲馬融所做，但現在人們都承認這是一部僞作，大約是宋代才第一次面世。這篇文章讚美忠是絕對的美德，中心觀點是對君王本人的尊重與效忠。王的責任是：「故王者，上事於天，中事於宗廟，以臨於人。」（《忠經》聖君章）於臣則：「夫忠者，豈惟奉君忘事，徇國忘家，正色直辭，臨難死節已矣。」（《忠經》塚臣章）

於是下面見解盛行一時：王的責任主要是服事神靈和王室的祖先，因爲王在位的好運道來自神和祖先。另一方面，臣的責任是對王和王朝絕對忠誠，而且忠先於孝。而人民的福利，按孟子的見解本應先於社稷，甚至先於王，現在降至次要的地位，民存在僅僅是爲了受治於王。

新儒學的哲學家贊同早先對政治忠誠的理解，同時又傾向於讚賞不那麼中央集權的政府。程頤認爲忠是「盡己」和「無妄」。朱熹持同樣見解，並把忠恕等同起來。在他看來，忠即忠於自己的信仰，而恕是推己及人。不論對君臣關係做何論，這些哲學家通常都表現出急於堅持臣民的尊嚴、限制君王的權力，他們代表的是超然於政治權威控制之上的永恆眞理的絕對價値，他們肩負起孟子責成儒的使命——正君王之心。二程和朱熹都寫過類似的道德教誡的章奏，他們力圖向皇帝闡明王政與苛政間的根本分別，他們論及王正心、齊家（後宮、宦官）和精心選擇有能力的官吏襄佐自己治理國家的必要。正如程頤有一次曾對他的學生小皇帝哲宗（1085－1099年）說的那樣：「人主之勢不患不尊，患臣下尊之過甚而驕心生耳。」[5]

㈡忠心與抗議

如果忠從本質上看是指做人的正直之心，是各種形式的忠實的源泉和原則，不論這個忠是忠於人還是忠於事業，那麼，一個忠心耿耿的相應當怎樣對待昏憒的王？經典裡是否有記載指導他在危難之際做出合乎道德的決定？孟子在其時

5　見朱熹撰寫的《程頤年譜》，並參蕭公權的《中國政治思想史》（台北，1954），第四卷。

代已然預見到這類問題，例如，他說有三種達尊：爵（官職）、齒（年齡）和德（道德）。朝廷上最受尊重的是官職，鄉里中最受尊重的是年齡，而輔世長民最重要的是道德。有一種達尊的人不應輕視可能有其他達尊的人。這樣，哲學家孟子辯解說他的行爲，即不應封建君王之召是正確的。（參《孟子》〈公孫丑·將朝章〉）

孟子也談到世上有兩種卿相：貴戚之卿和異姓之卿。國君有錯誤，貴戚之卿應當去諫諍，如果一再勸諫而不聽就應當更換君王。而異姓之卿遇到這種情形就應當辭官離去了。（參《孟子》〈萬章·問卿章〉）

孟子的教誡並非沒有招致物議。宋代政治家司馬光（公元1019－1086年）就是臣相忠誠敏敬責任的最好的闡釋倡導者。他批評「革命」的思想，說它會加重皇親國戚爭權奪利的危險：

> 爲卿者，無貴戚異姓皆人臣也。人臣之義，諫於君而不聽，去之可也，死之可也。若之何以其貴戚之故敢易位而處也？（《溫國文正司馬公集》卷七十三）

司馬光本人亦是相，他是忠於人民的，力圖保障人民的利益，但他一貫強調維護統治者的尊嚴。他也是道家，提倡無爲而治的策略，反對王安石（1021－1086年）變法。而絕對忠誠的司馬光後來卻因君心不常而蒙辱，這正是歷史的嘲弄的絕好的例子。1101年，由於王安石的一位門生的慫恿，皇帝同意勒石羞辱反對變法的大臣，司馬光的名字高踞黑名單之首。

隨著權力日益集中，王的地位日益升高，想勸諫君王改過的臣子越來越試圖以指稱的過錯責備自己而不是責備君王。明代的一個例子是王陽明上的一份奏章。那是他在一場戰爭後爲江西百姓請命而花天酒地的皇帝未予理睬，王陽明便自請削職並歷數了自己的四大罪狀，其中包括未能勸諫皇帝改過！他這樣結束全文：

> 人臣有一於此，亦足以招災而致變，況備而有之……伏惟皇上軫災恤變，別選賢能，代臣巡撫，即以臣爲顯戮，彰大罰於天下，臣雖隕首，亦云幸也。（《王文成公全書》卷十三·水災自劾疏）

這份文件無疑是諷刺和抗議的表現，但它也代表了一種徒勞的努力，一種希望感動君王——眞正的罪人——的心的幾乎是絕望的行動。當我們回想起古代的王爲其人民犯的罪而自責時，我們可以看到又一層含義：儒家的相走進了不負責任的王留下的道德上的眞空。作爲聖人的弟子，他成爲一種作爲典範的個人。

因此，和把新儒學哲學家看作是君王的尊嚴、絕對權威的忠實支持者、臣民對王和王朝不變的忠誠之狂熱鼓吹者的傳統印象正好相反，宋、明兩代的思想家自視爲王的導師和仲裁者。他們或是以言論或是以行動教導和判斷王。他們深切地意識到倫理應當與政治結合起來，這一意識使得他們成爲儒家良知的自覺的維護者和代言人，成爲「先知」；他們和前人孔子、孟子一樣，天賦予他們領袖的使命，他們代表國家爲之存在的人民，勇敢地面對王，爲王出謀劃策並批評王的過錯。他們淸醒地看到絕對的帝王制裡王的地位。雖然他們沒有直接地批判這一制度本身——黃宗羲（1610－1695

年）是明代思想家直接繼承者，他才會如此做——但是他們極力讚美過去的黃金時代：那個時候王是聖人，他們以道德勸誡而不是靠強行把自己的意志變爲法律來統治。他們不管是爲官還是爲民都堅持不懈、勇敢無畏地一再努力以改變王的心使他成爲眞正的聖王。如果君臣關係意味著相互的義務，那麼，這些哲學家顯然認爲王愛民的責任比民忠君的義務要大得多——臣民忠君的責任要以王的功績和德行爲條件。

四、儒家的社會

猶太教和基督教都期待一種理想境界，不論它是猶太人的希望之鄉還是對彌賽亞及其王國的嚮往。這種理想境界對基督教意識的形成起了重要作用，特別是受至福一千年的希望的滋養。對理想境界的希望一般都是建立在所謂神的許諾之上，這是以神是創造者、天意和歷史主宰的信念爲基礎的神啓宗教的特點。對於信徒來講，政治慾望總是有宗教前提和先決條件，並借《聖經》裡的形象表達的。此外，基督教千年思想的末世學內容引入了不容置疑的直線型發展方向。理想的社會是實現了人對自己俗世居所與存在的夢想，即使它將在時間和歷史局限內實現，它是置於時間和歷史局限之外的新天地的前奏。

奧古斯丁的著作進一步促成基督教歷史哲學中的線性發展方向的形成，這一點在他的《上帝之城》（427年）尤爲明顯，奧古斯丁並沒有把教會與國家和他的天國與地國對等。他認爲，地國是由那些行動受自私之愛的人組成的，而天國是被選定的人的社團，他們的心充滿了對神的愛。確實，只有在最後時刻，「上帝之城」才會完全地顯現出來。啓示的衝動並不是遁入夢想世界，而是行動的主旋律。所有願爲新的希望之鄉、建立在和平和公正的基礎上的希望之鄉而奮鬥的人們的行動的主旋律。

對和平與公正的思考亦在托馬斯·摩爾（Thomas More）的《烏托邦》（Utopia，1516）一書中占據了極爲重要的位置，而《烏托邦》對西方心態是最著名的而且可能是最有規範意義的一部作品。摩爾是以人道主義者和先知的身份寫這部書的，他抨擊自己時代存在的社會不平等和宗教偏執。他的「快樂島」是個非基督教社會，摩爾用它來批判自己所知的基督教歐洲患有的自私自利、分崩離析和明爭暗鬥。它亦發出了地理的回響——當時在歐洲之外所做的新發現，時常是找到一個理想社會，一個希望之鄉的虛幻的希望。這是對歷史能動的、線性發展解說的另一個例子。然而，摩爾自己相信的基督教啓示使得他設計了一個地上樂園的意象——一個尙不知福音書的寓義的社會，一個具有原始的人道的純潔無邪的國度。因而，它又是從未從基督教社會幻想的地平線上消逝的周期性發展因素的例證。「過去的黃金時代」不但是儒學的也是基督教的寶貴遺產。

現在，讓我們回到儒家傳統來看一看它的理想的社會秩序，看一看和基督教模式相比儒家模式的同異。

我要再一次提到資料來源的困難。中國哲學傳統從來未將政治學與倫理學加以嚴格區分，唯一的例外是實用治國術學說的衍生發展，這和法家的非道德性哲學有緊密聯繫，用可以說是「統治者手冊」的論文形式寫成。《韓非子》（公元前三世妃）便是這樣的一部書，它和很久以後問世的馬基雅維利（Machiavelli）的《君主論》（1512－1513年）有某些相似的地方。兩部書都顯示出一種冷靜的、深思熟慮的理生，只認眞思考一個問題：執政者的利益。中國哲學沒有產生可以和柏拉圖的《共和國》（Republic）或是摩爾的經典著作相媲美的「烏托邦」專著，它們對理想社會的治理原則做了清楚的分析。前現代中國資料只能提供從經典摘出的星散的章節，它們抒發了「烏托邦」的情緒。

㈠理想的政體

道家知識分子的烏托邦和摩爾的經典著作描繪的烏托邦社會最爲接近。這包括莊子筆下的奇想的南越的建德（《莊子》〈山木〉）和《列子》中華胥氏和終北的國度（《列子》）。這些國家都是用自然主義的語言來描述的，它們的居民都過著簡樸、快樂的生活，遠離文明和文明規定的人爲的社會、政治的等級區分、正義與守禮的美德以及對生死的執著。這是那些對社會秩序不滿的隱士哲學家白日夢的產物，這些哲學家既沒有心性也沒有興致去發動反抗或革命。

更具宗教和啓示錄性質的烏托邦幻想屬於不同的範疇，這是因爲這樣的烏托邦幻想常常促成帶來劇烈的社會、政治變動的努力。例如，《太平經》描述的天下太平的理想境界造就了二世紀末的黃巾起義。六世紀和六世紀以後，出現了未來佛即彌勒佛（Maitreya）的彌賽亞夢幻，其最高峰是成功的朱元璋起義（1368－1398年在位）。這位明代的開國之君開始其政治生涯時是韓林兒的支持者，而韓林兒自稱是未來佛再世。

儒家的烏托邦理論與自然主義哲學家迷戀的地上樂園的和平之夢不同，和民衆起義者懷有的宗教一啓示錄式的幻想也不一樣。儒家的烏托邦往往是時間的而不是空間的，它們有強烈的道德含義，代表了一旦採取正確措施可以實現這樣的烏托邦時應當如此而且可以如此的一種狀態。幾乎每一位起義者或開國之君都以這樣或那樣的方式聲稱實現儒家的公正社會的藍圖是自己要達到的目的，爲此他順應了天命，並力圖以此使自己的行動合法化。儒家思想也部分地影響了十九世紀日本的明治維新和中國的辛亥革命。

《禮記》一書中論禮儀繁衍的那一章裡，儒家的黃金時代被描繪爲由上古的大同時代和其後的小康時代，即夏、商、周三代構成。假託孔子所述，這一章把大同寫成天下公有的時代：

> 大道之行也天下爲公，選賢與能，講信修睦。故人不獨親其親，不獨子其子，使老有所終，壯有所用，幼有所長，矜寡孤獨廢疾者，皆有所養。男有分，女有歸……是謂大同。（《禮記》禮運）

但是，大同時代並不長久，古代時似乎就發生了集合體的沒落、強有力的領袖人物誕生，他們以從人的社會性總結出的禮儀法規統治人民而保證秩序。五倫制度化了，曾經是「天下爲公」的世界成爲家庭的私產。三朝的每一個朝代都是由聖王建立，但他們都選擇將王位傳給自己的子孫，而不是像傳說裡的堯和舜那樣通過選擇賢能的方式讓位給他人。並且，每一個朝代都隨著日換星移而衰落。因而「禮義」防止並控制了自私和陰謀。

> 今大道既隱，天下爲家。各親其親，各子其子，貨力爲己。大人世及以爲禮，城郭溝池以爲固。禮義以爲紀，以正君臣，以篤父子，以睦兄弟，以和夫婦……是謂小康。（《禮記》禮運）

原來共同參與的伙伴關係讓位給社會，禮儀建立在道德的基礎上，因而與「法」不同；在中國人看來，法只不過是統治者意志的反映。因此，即使是小康時代所反映的狀況也要比後來時代的狀況要理想得多。聖明的皇帝在賢能的卿相協助下：「修禮以達義，體信以順。」但後世有幾個君王當得起這樣的讚辭？

「禮運」雖然有道家的意蘊，但它描繪的黃金時代的兩個階段啓發了儒學和新儒學的學者，他們發現這一章勾勒出自己的理想境界。因爲大同時代的條件在實踐中幾乎是不可企及的，這樣，小康時代因其特別是和歷史上的周朝初期即周公的時代聯繫在一起，便成爲後世的典範時代。中國歷史上，學者們都表示希望能看到在自己的時代重建土地分配的井田制，甚至於重建政治上的分封制。一次又一次，人們聽到了恢復先秦的狀態，霸道讓位給仁慈的王道的呼聲。

過去的黃金時代是現在與未來的模範，而將這一黃金時代和儒家的「烏托邦」等同起來的作法，隨著宋、明兩代新儒學哲學家的崛起變得尤爲確定無疑。這個時代出現了以往很少有的改革主義的動力。哲學家朱熹對歷史做了形上學的闡說，把遠古描繪成天理主宰，是一個像堯舜那樣的聖王治理下的、人人按仁義禮智等天賜德行生活的時代。不幸的是，黃金時代結束了，人慾主宰的時代取而代之。因爲個人利益已不是例外而成爲慣例，它成了僭越王位的暴君的推動力。朱熹認爲恢復黃金時代的關鍵是道德教育，是小心認眞地選擇君王。

有時，新儒學哲學家被說成是支持社會—政治現狀的保守主義者，常常反對改革措施。事實並不這麼簡單。常常是講實際的政治家，不管是保守黨人還是改革派都僅對實用主義政策感興趣，而哲學家則鼓吹道德復興，對手段的道德性和目的的道德性給予同等的重視。他們所據的立場於政治權力有更大的獨立性，倡導以道義的勸告來遏制專制主義的實施；而政治家，尤其是身居高位的政治家則試圖鞏固統治者的威嚴和權威以便推行實用政策的措施。因此，在政治生活上堅持烏托邦的理想以維護倫理道德理想，這是哲學家的功績。

將理想社會置於時間之中而不是空間之中，這反映了儒家中國的某種自滿情緒。儒家中國是自己的地理世界的中心，很少有探索已知疆域以外的世界的慾望。將理想境界置於可能再建的、過去的黃金時代，也表明了強烈的周期性時間觀，和基督教及其至福禧千年夢幻的、更直線性的觀念遙相對應。然而，儒家的烏托邦心理亦有其線性的因素，這表現在對《春秋》的微言大義的解釋。這種作法起始於漢代，董仲舒論《春秋》裡揭示的三代，即孔子親身經歷的時代，孔子聽人口述的時代和孔子從流傳下來的文字記載中讀到的時代，這三代在時間上是逆序的。而以何爲代表人物的公羊派詮釋家何休是以遞進的順序安排這三代的，即據亂、升平和太平，同時又公開宣稱他們爲歷史上現在和未來的治展示了一個模式格局。這裡，我們可以看到升平和太平與《禮記》中小康和大同之間的類似之處。儘管「禮運」提出的是發展而不是衍生。清末，康有爲重提公羊家的詮釋，在他的文章《大同書》裡明確指出這些類似的地方。康有爲接觸了來自西方的烏托邦思想，但《禮記》和《春秋》的結合提供了一個可以稱之爲螺旋的時間和歷史觀——人類社會的周期性進步。然而，我們必須承認中國歷史的大部分時間裡烏托邦理想等於過去的黃金時代復辟，等於對導致相信重獲黃金時代的歷史眞實性（facticity）的信念——只要適當的聖王出世就可以實現了。

我已經提過，即使是在西方的烏托邦思想裡，雖然對理想的未來的追求占主導地位，亦有對已消逝的過去的懷戀之情。這不僅體現在對「伊甸園」中人的天眞無邪和無憂無慮的原始狀態的迷戀中，也體現在對「使徒行傳」裡早期社團生活的描述。甚至在馬克思主義裡也能找到，它宣傳的遠古時代的原始共產主義社會和未來的烏托邦有影影綽綽的相似之處。但是，從整體上看可以說線性的歷史觀主宰了西方的烏托邦思想，雖說它亦有周期說的殘跡。

然而，如果西方特別是基督教的烏托邦思想呈現出更多的線性特徵，而儒家的夢幻更傾向於周期性，兩者有一個共同的假定：是人創造了歷史，是人創造了適合其幻想的未來，不論這些幻想是和將來的黃金時代相關還是和恢復過去相連。對於基督教和儒家，人與歷史都是重要的，因爲人與歷史的重要性，社會和國家才變得重要了。在此，基督教與儒學和那些發源於印度的宗教，印度教還是佛教不同就在於這些宗教鄙視時間、俗世、社會與政治。

㈡現　狀

在今天的中國——大陸中國，我們還能找到多少儒學？在哪些方面古老的理想在新的政治觀念以及這一觀念帶來的新的社會結構中存活下來？這是一些難題，尤其是在繼無產階級文化大革命開展的激烈的批孔運動以後。中國一度曾志在從生活與思想的各個領域清除儒家的影響，1967年1月10日的《人民日報》編者按這樣說：

> 在我們社會主義的新中國，絕不能有為剝削階級效勞的孔子思想以及資本主義、修正主義思想的立身之地。不把它們連根拔除，無產階級專政就不能鞏固，社會主義和共產主義就不能建成。在無產階級文化大革命中，打倒孔老二這具封建殭屍，徹底鏟除反動透頂的孔子思想，是我們一項重要任務。

清算的目的很明顯：要使建立毛澤東思想的「絕對權威」成爲可能。

有趣的是，對新的文化和政治觀念的執著使人想起儒學與新的國家思想意識之間的明顯的辨證關係。和舊的儒家的道一樣並取代了它，辨證唯物主義現在被尊爲一貫正確的教條，所有哲學、邏輯學、歷史甚至「末世學」的規範。取代了「哲人一帝王」的神話，現在有的是黨的領袖這一現實，他是政治領袖也是新思想意識的保護者和詮釋者，是人民的父母。中國社會的目標是新社會主義——一種有著清晰強烈的儒家理想社會、大同社會的回聲的普遍觀念。

中國共產主義和儒學之間的辨證關係如此之緊密以至於有人這樣評論：

> 毛所做的是把自己樹立成一個新的孔子，也就是孔子的反面。文化大革命和著名的《毛澤東語錄》含蓄地說明了這一點。毛希望他爲新紀元所做的和當年孔子爲傳統中國社會所做的一樣。爲此，他必須在新舊之間……設立一個絕對的障礙……[6]

當然，這一相互關係是辨證的。如果說最終的社會目標與儒家的「大同」思想——甚至可以說是大均——相同，那麼，達到目的的途徑則與傳統大不相同。我們聽到的不是復古，不是社會和諧而是階級鬥爭和社會主義革命——甚至是永遠革命。或許新的集體主義社會的外形和新的意識形態一樣呈現出與儒家家族社會的外形有某些繼承延續；但是社會的側重以及思想內容則有了急劇的變化。

十年文革過去了，鄧小平與江澤民接下了毛澤東的天下，將中國「開放」了十餘年。在那段時期，文革被批爲「浩劫」，批孔亦正式取消了。反而，官方似是有意捧孔。1989年10月在北京召開的孔學會議也有這項表示。不過，官方與民間（尤其是知識分子）之間尙有鴻溝。要利用孔子，亦不能收回人心。再者，年輕一代的知識分子對於孔子與孔

---

6 Thomas Berry，" Mao Tse－tung：The Long March "，*Theological Implications of the New China*（Geneva and Brussels，1974），第67頁。

學，表示極少興趣反而較爲熱中來自西方的耶穌與他的道理。熟悉大陸情況的人士們都指出了宗教（尤其是基督教，包括新、舊教）復興的現象。

當然，大陸的教會情況很複雜，並且必須與官方合作。這是許多人都知道的。但是，大陸除了得到官方批准的教會之外，還有所謂「地下」教會，即是在家裡做禮拜的，聽說人數很多。

至於儒家思想方面，我們也看到了改變。文革時曾經自批批孔的哲學家馮友蘭，在逝世前另撰〈中國現代哲學史〉，並說出他對於毛澤東的最後看法。他的話是：

> ［毛］集黨、政、軍大權於一身，並且被認爲是思想上的領導人，他是中國歷史上一個最有權威的人，在幾十年中，他兼有了中國傳統文化中所謂「君、師」的地位和職能……立下了別人所不能立的功績，也犯了別人所不能犯的錯誤。[7]

五、結語

今天，基督教在對一個更公正的社會的尋求中，正在開始發現愈來愈多的原始基督教教義中的政治內容以及政治內容要求信徒擔負的有關社會和政治問題的責任。反之，儒學儘管是個「彌散的」而不是「有組織的」宗教，雖然它在整個東亞經受了社會的和政治的革命性的變動後果，它還沒有

7　香港，中華書局，1992，頁144。

能夠充分地正視這樣的變動提出的問題，儘管儒家學說從本質上是政治性的。事實上，儒學仍然是消極的，它可以在南韓和台灣被政治勢力用來爲家長式統治的、獨裁專制的政府辯護的理論，而這樣的政府在思想上和政治上可以是而且已經是壓制人的政府。而在中國和北韓，爲了保證馬克思主義政治思想的完全的統治地位，官方已然拋棄了儒學。正如當權的政府解釋的那樣。

那麼，基督徒和儒家在政治上向對方的傳統學習有什麼未來？基督徒對信仰中政治意義的尋求有什麼矛盾？儒家的見識和經驗又怎樣可以成爲基督教的參照源，同時又作爲儒學本身轉化與新相關性的起點？

前面曾談到，一些主要的基督教思想家和許多愛思考的信徒已經表現出他們能夠在與馬克思主義的對話中從政治學到一些東西。他們樂於接受和基督教信仰並非完全敵對的馬克思主義關於人、社會和歷史觀念中的某些因素，從這些因素中發現和自己內心波動相應的宗教意義的獻身與目的。因而，他們爲儒家樹立了效仿的榜樣。現在不是兩極化的時候，而是應當以自我批評精神進行眞正的反思的時機。儒家的學者大都忽視了學習馬克思主義，而更願意生活在一個與傳統的過去之榮耀浪漫相聯的虛假的學術氛圍裡，而這一傳統正面臨著急劇的變動。

透過相互學習，同時有向馬克思主義的理論、向持批判態度的理論家學習，基督徒和儒家首先必須要分淸基督教或儒家學說中的主次，這將爲他們提供一個基礎。從這兒出發，他們可以評價各自歷史的長處和未來發展的可能性。這還將幫助他們評判馬克思主義和其他社會理論的合理性又不至放棄它們原來的基本立場。對於基督徒，有諷刺意義的是近代的傳教史基本上是和政治、軍事勢力聯盟的歷史，和西方帝國主義聯盟的歷史。這是今天東亞和其他地區的社會主義政權不滿於基督教的主要原因。此外，基督教還存在有種族、文化和宗教的優越感——不了解其他傳統，不了解其自我形象的結果，也是自鳴得意的、功利主義偏向的結果，即要勸化異教徒。正是在這一點上，基督教傳教活動實際上幫助了社會主義中國的誕生，幫助古老的「封建社會」迅速地走出資產階級一資本主義階段，邁入社會主義的現在。

還有另外一個問題，即政治超越的問題。說神學從人的自我理解出發，並一定需要有政治意識以便忠於自身，忠於自己的教義；這並不意味著神學必須全力解決與社會和政治有關的問題。無論如何，我們已然看到希望、抗議、革命和解放神學的發展，並從中了解到基督教固有的正視不公正的責任。但是，我們必須指出某些重要問題尚未解決，例如：革命中的暴力問題以及怎樣控制或遏制暴力。我們或許會問，希望、抗議、革命和解放等主題是否可以包容整個神學？社會和政治責任眞是意味著完全沈浸於這個世界及其問題之中？抑或基督教難道不應當和他在祈禱與內省的精神生活中一樣，在精神上與其俗世糾葛保持一定的距離並對社會公正和政治平等的價値觀念保持確定的傾向？否則，不是可能忘卻希望的眞正含義，忘卻眞正的末世學的意義，忘卻基督取得的革命和解放的宗教性質？而除了基督，誰還能是信徒的楷模？

一位在印度的神學家論及印度的困難重重的社會狀況和印度的多種多樣的宗教的全景時，曾評論了在印度實施基督教社會倫理的重要性。他還指出，同等重要的是在基督教意識中保持入世感和出世感，因爲他說教會置身於這個世界之中但並不屬於這個世界。他告訴他的基督教讀者，印度的印度教徒和佛教徒大多認爲基督教對社會、政治相關性的關注，和他們對 Brahman－atman 或是涅槃的追求相比是幼稚的和現世的。

這樣看來，我們可以推知在對社會和政治關注的態度上，基督教持有一中間立場——介於過於超然的印度教、佛教和有時顯得太介入的儒學之間。因此，基督教究竟是「現世的」還是「他世的」，完全取決於人們自己的認識角度。

讓我們再一次引用J.R.錢德蘭(J.R.Chandran)的話：

> 教會把自身理解爲基督體現的神的新創造，而不僅僅是社會的動因。它是作爲基督的身體而存在的社團，共享神的最終關切，……並〔等待〕新人道的實現和基督體現的所有事物的總和。[8]

對於基督徒，基督教的最終意義是從十字架和基督復活找到的，爲此，他永遠是「置身於這個世界之中，但並不屬於這個世界」。

---

8 參 J. Russell Chandran, " Where Other Religions Dominate ", John Bennett ed., *Christian Social Ethics in a Changing World* (New York, 1966)，第230頁。

跋

是總結全書的時候了。我想再提「緒論」部分規定的總目標，那裡，我談到撰寫此書的原因，我談到希望促成文化間與宗教間的對話，希望基督徒或了解基督教的人士更深入地認識和理解儒學。我還提到，更透徹地了解另一個傳統怎樣能夠從更廣闊的視野得到對自己的傳統的更深刻、更豐富的知識。前面幾章裡，我努力使更好地、更全面地認識儒家學說成爲可能。我亦希望，對儒家傳統裡某些重大主題的研究並以基督教學說爲參照加以剖析可以促成基督教的神學的自我理解。這麼做的重要性有二：對於希望實現眞正的「宗教寬容」的、著眼世界性基督教的西方教徒來說是重要的；對於尋求顧及其文化遺產的更眞誠的神學表達形式的東亞「新」基督徒也是重要的。在此，我希望著重討論一下亞洲基督教問題和影響其形成的神學挑戰。

當利瑪竇和他的直接繼承人在遠東傳教時，改造基督教以適應當地文化的任務尤其是指樂於向今天世人稱爲儒學的傳統智慧學習。然而，思想方向已然改變，今天，基督教和各種形式的佛教之間開展了更生動活潑的對話。這一對話獲得教會組織的鼓勵並且在全世界範圍內引起了更廣泛的公衆的興趣。[1] 儒學似乎基本上爲人所忽略，甚至被人遺忘了。這裡不便探討改變方向的原因。我並不認爲這種看法是錯誤的。的確，早先在中國和日本的傳教士不理睬並且抨擊佛教，而今天，新一代的基督教知識分子和傳教士卻表現出更爲積極的態度，表現出願意向佛教的形上學和精神性盡可能地多學到一些東西。這應當大大給予表彰。然而，我建議也不要忽視儒學，特別是因爲儒學與基督教有更多的內在一致性。由於東亞文化的核心處有著和諧與非二元化的根本世界觀，從而儒學、佛教、道教——或日本的神道教可以有大量的相互作用。重視儒學變得愈爲重要。因此，不了解這些傳統，不知道它們相互學習借鑒的方法就不可能理解東亞。

在東亞，天主教徒和新教徒都大談特談本土神學的發展。在這方面，日本的新教徒貢獻很大[2]。著名的日本神學家是北森（Kazo Kitamori），他特別重視基督教教義和日本文化內在性的關係。他宣揚的神痛神學被認爲是以日本方式做思維的、眞正的創造性努力。它顯示了更多的佛家寓義，大大勝於儒家的意義。而對本土文化的內在知識作爲神學先決條件本身的要求在創立有創見的神學思想本身之中亦是頭等重要的。

中國的基督徒在完成神學思考的任務方面落後了。雖然已做過眞正的——即使是斷續的——努力，特別是改信基督

---

1 關於今日世界的佛教，參 Heinrich Dumoulin 編輯的 *Buddhismus der Gegenwart*（Freiburg，1970）；Heinrich Dumoulin，*Christianity Meets Buddhism*（LaSalle，1974），第二章。

2 參 Carl Michaelson，*Japanese Contribution to Christian Theology*（Philadelphia，1945）；Charles H.Germany，*Protestant Theologies in Modern Japan*（Tokyo，1965）。

教的中國人所做的努力，其中包括第二代的皈依者，但他們仍對儒家價值觀念十分依戀。只要讀一讀陸徵祥、吳經熊等人的著述就可以看出他們將從孔子到基督的道路看作是怎樣的平坦——於一個有著儒家過去的人來說，這裡並沒有眞正的鴻溝[3]。新教徒趙紫宸特別勾畫出建立在基督教和儒學共同基礎上的中國神學的情況。他談到「淨化」制度化的基督教和與生活沒有什麼關係的那些教條，他還談到要注重「神即愛」的中心教義，這對受過「仁」的教育的儒家來講是很容易接受的。

中國、日本和韓國的基督徒都顯示出強烈的社會責任感，特別重視基督教裡有社會意義的教義——這顯而易見是儒家社會倫理觀念的影響。不錯，因爲在東亞廣大地區社會主義的崛起和社會主義政權的獲勝，許多基督徒，包括趙紫宸在內，曾經表示接納馬克思主義的社會理論，或者至少是

---

3 參 Dom Pierre－Celestin Lu Tseng－tsiang，*Souvenirs et Pensees*（Bruges，1945）；John C.H. Wu，*Beyond East and West*（New York，1951），*Chinese Humanism and Christian Spirituality*（New York，1965）；Paul K.T.Shih，*From Confucius to Christ*（New York，1952）。爲了要證明沒有必要與自己的儒家過去決裂，爲了表明他並未摒棄儒家的信仰，陸徵祥講到他的「稟性」通向基督教和天主教修道院生活，而不存在什麼「皈依改信」。吳經熊和薛光前都讚許自己的儒家過去。然而這些皈依者的著述都傾向於將儒學看作是爲基督教宗教啓示所做的哲學準備。我力主儒學也有獨立的、獨自的存在和發展，即使是在和基督教與其他傳統接觸和對話的時候。改信教者的文章並未否認這一點，但亦未強調它。

改造它以適應基督教的信念。他們中有人表示很難調和愛與暴力，其他人發現難以繼續做基督徒。他們的努力和範例對於今日西方的政治神學家來說堪稱有益的教訓。無論如何，神學不能建立在經驗的眞空之中。它只能是信徒對其生活遭遇所做的個人的或集體的反思的產物。

但是，亞洲神學誕生得十分艱難。這不僅是因爲教會抓住「教條主義的正統」立場不放，又懼怕「異端邪說」，而且還因爲亞洲基督教還很年輕，地位不鞏固。這是對它的神學上的歐洲或美洲導師而言，也是對非基督教的大多數而言。基督徒多在一個社會和思想的特定的小圈子裡活動——不論是一個鄉村的教區還是受過教育的、西方化的精英社會。他們會產生自我異化的感受，因爲他們知道自己的四周是和他宗教信仰不同的同胞，他們知道自己被一種自己的西方傳教士朋友大都不熟悉的氛圍包圍。他們似乎經歷著一場永遠的身份危機。遠藤周作的小說《寂》是這種身份失落感的有力見證。基督徒要再做日本人，中國人或韓國人，他一定得叛教嗎？這裡提出的問題是一個嚴肅重大的問題，它確實向整個基督教人道主義問題和基督教適應不同文化的問題提出質疑。如果基督教是更完善的人道，它應當也是更完美的中國的、日本的、或韓國的人道：一個更好的、更愉快的人道。使徒福音引入亞洲的衝突必須爲人與自我、人與宇宙、人與他人之間的新和諧鋪平道路，這樣，它才會被接受，才會眞正地成爲亞洲的。

正是考慮到這一點，我才寫了這本書。經驗告訴我們，衝突與對立可以是文化和精神醞釀的地方，是豐富的未來滋生的地方。人必須意識到這樣的衝突和對立的價值，以便在哲學和神學表達裡得到辨證的結果。基督教的和儒學的人本主義，它們相互能學到什麼，學到多少？有什麼積極的和消極的教訓？這些都是根本性的問題，在很大程度上未來就取決於這些問題的解決。

還有其他的考慮。西方要向東方學習的地方還很多，特別是西方的基督徒要向東方的非基督徒學習。本書中，我們探討了人的問題和人的自我超越問題，指出了儒家的人性理論、良知說和社團理論，我們也談及神的問題——《聖經》裡和儒家經典中的人格神以及神秘主義哲學家的形上學絕對體。我們還涉及祈禱、神秘主義、祭祀崇拜裡的自我超越實踐，注意到早期儒學因其信仰人格神，怎樣以祈禱爲與神對話的證明，而後來的儒學因其哲學傾向具有更多的內在性和向他人開放的神秘主義。我們又討論了政治相關性問題，儒家的王和反抗學說以及這些思想的現代意義。本書舉出的比較研究的整個範圍反映了人生的全劇——慾望、衝突以及人生的種種可能性。儒家和基督徒大有可以互相學習的地方——像經典和《聖經》學習，向集體的智慧傳統學習，向感受到的現實的需要學習。

此處提到的本土或本位化神學，發展到八十及九十年代，再者，最近十餘年來，來自基督教新舊兩派以及儒學的學者們，曾經數度在香港、舊金山各地召開「對話會」，商討儒與耶之間的異與同，本年（1998）末，又定於香港再次舉行此類的對話，這是本書在1997年初版時，所沒有的事，現在又有了韓國的「民衆神學」，是韓國受基督教與其所謂左派思想影響後而產生的，也代表韓人心靈的呼聲，但因篇幅不夠，現在用幾句話做一個簡短的總結，我們可以說數千年來儒家注重的是仁的美德之道德的、宗教的、甚至於宇宙的意義，在人際相互作用的經驗裡，人與人的關係中看到了超越體。而基督教一直宣揚它的中心教義，它以「神就是愛」一句話總結了基督的全部啓示。那麼，讓我們以愛的概念、仁的概念來結束這部書吧。讓我們和孔子一起來希望我們可以「以文會友，以友輔仁。」（《論語》〈顏淵〉）

書目舉要

余英時：《中國思想傳統的現代詮釋》（台北，1987）。
袁珂：《中國古代神話》（上海，1954）。
秦家懿：《王陽明》（台北，1987）。
秦家懿、孔漢思：《中國宗教與西方神學》(台北，1989)。
韋政通：《儒家與現代中國》（台北，1984）。
陳垣：《陳垣學術論文集》，第一集（北京，1980）。
陳榮捷：《朱學論集》（台北，1982）。
項退結：《中國人的路》（台北，1988）。

《國際孔學會議論文集》（台北1987年11月11～17日）。

《基督教與中國本色化》（國際學術研討會論文集），林治平編（台北1988年12月15～17日）。

張立文：《朱熹思想研究》（北京，1980）。
張春申（編）：《教會本位化之探討》（台中，1981）。
湯一介：《中國傳統文化中的儒道釋》（北京，1988）。
傅佩榮：《儒道天論發微》（台北，1985）。
楊富森：《中國基督教史》（台北，1972）。
趙賓實：《儒道思想與天主教》（台中，1964）。
錢穆：《朱子新學案》（台北，1982）。
顧良聲：《傳教士與近代中國》（上海，1981）。
顧頡剛：《古史辯》（香港，1963）。

劉述先：《朱子哲學思想的發展與完成》（台北，1982）。
羅光：《中國哲學思想史》第一卷（台北，1975）。
蕭公權：《中國政治思想史》（台北，1983）。

外文

Classics and Philosophers in Translation：

Legge, J. *The Chinese Classics*. Oxford, Clarendon, 1983－, 5 vols.（The four books are reprinted in Confucius, New York, Dover, 1971）.

Lau, D.C. Lao－tzu：*Tao－te ching*. London, Penguin Classics, 1963.

——Mencius. London, Penguin Classics, 1970.

Waley, A. *The Analects of Confucius*. London, Allen & Unwin, 1939.

Waston, B. *Chuang－tzu：Basic Writings*. New York, Columbia U.P., 1964.

——*Han Fei－tzu：Basic Writings*. New York, Columbia U.P., 1964.

——*Hsun－tzu：Basic Writings*. New York, Columbia U.P., 1963.

——*Mo－tzu：Basic Writings*. New York, Columbia U.P., 1963.

Anthologies：

Chan, W. T. *A Source Book in Chinese Philosophy*. Princeton, Princeton U.P.

deBary, W.T. *Sources of Chinese Tradition*, New York,

Columbia U.P.

Other Works

Creel, H.G. *Chinese Thought from Confucius to Mao-Tse-tung*. Chicago, Chicago U.P., 1953.

——*Confucius the Man and the Myth*. New York, John Day, 11949.

Fingarette, H. *Confucius: the Secular as Sacred*. New York, Harper Torchbook, 1972.

Jaspers, K. *The Great Philosophers: the Foundations*. New York, Harcourt & Brace, 1962.

Smith, H.D. *Confucius*. New York, Holt, Rinehart, 1973.